职业教育财经类专业教学用书

会计模拟实训

朱 烨 韩 洁 主 编
林云刚 主 审

電子工業出版社
Publishing House of Electronics Industry
北京·BEIJING

内 容 简 介

本教材主要内容包括公司注册流程，会计书写技能，原始凭证的填制和审核，记账凭证的填制和审核，账簿的建立和登记，会计报表的编制，纳税申报，综合实训。本教材以就业为导向，以能力为核心，突出实用性和操作性。编排上采用项目教学法，将学生应掌握的会计岗位的基本技能分为若干模块，教学中可根据学生和学校教学的具体情况，结合会计岗位的实际需要，选择与之对应的模块组织教学。在教学方式上注重学生岗位能力的培养，突出“做中学、做中教”，力求在实训中掌握技能，在快乐中学习知识。

本教材既可作为职业院校会计专业教学用书，也可作为会计专业在职培训用书。

图书在版编目（CIP）数据

会计模拟实训 / 朱烨，韩洁主编. —北京：电子工业出版社，2013.8
职业教育财经类专业教学用书
ISBN 978-7-121-20579-8

Ⅰ. ①会… Ⅱ. ①朱… ②韩… Ⅲ. ①会计学－中等专业学校－教材 Ⅳ. ①F230

中国版本图书馆 CIP 数据核字（2013）第 116490 号

策划编辑：徐　玲
责任编辑：张　慧
印　　刷：北京市海淀区四季青印刷厂
装　　订：三河市皇庄路通装订厂
出版发行：电子工业出版社
　　　　　北京市海淀区万寿路 173 信箱　邮编　100036
开　　本：787×1 092　1/16　印张：11.5　字数：294.4 千字
版　　次：2013 年 8 月第 1 版
印　　次：2016 年 1 月第 2 次印刷
定　　价：25.00 元

凡所购买电子工业出版社图书有缺损问题，请向购买书店调换。若书店售缺，请与本社发行部联系，联系及邮购电话：（010）88254888。

质量投诉请发邮件至 zlts@phei.com.cn，盗版侵权举报请发邮件至 dbqq@phei.com.cn。

服务热线：（010）88258888。

前言

随着我国市场经济的快速发展，社会对职业院校毕业生的整体要求也在不断提高，要求学校培养出的学生能够快速适应岗位需求。这就对职业院校在学生培养上提出了新的挑战，需要在平时的教学中做到与行业、企业、岗位的零距离对接，学生在校期间需要通过实训教学深入了解岗位的工作要求，熟练掌握岗位的专业技能。

会计专业是规范性和实践操作性很强的专业，要求学生不仅要掌握一定的专业理论知识，更要掌握实际工作所需要的专业技能。为了适应新时期职业院校教育教学对会计实训教材的需求，我们组织了一批在教学一线从事会计理论教学和会计模拟实验教学的经验丰富的优秀教师，深入企业和会计工作岗位，以培养服务一线的应用型人才为宗旨，合作编写了《会计模拟实训》。

本教材的指导思想是“以就业为导向，以能力为本位，以学生为主体，以实践为指导”，努力践行“做中学，学中做，学做合一”的职业教育教学理念，实用性和可操作性强。本教材有以下突出特色。

1．贴近实际

根据企业会计岗位的实际工作流程，以经济活动和会计工作中实际实用的各种凭证、账簿和报表为主，采取分阶段的模块训练和综合训练相结合的方式，由浅入深，由简到难，使学生全面了解和掌握岗位技能。

2．能力为本

本教材每个模块都设有实训要求、实训目标、实训指导、实训资料四个部分。实训要求明确提出该模块的实训任务；实训目标明确指出该模块的实训完成标准；实训指导点出该模块实训的关键知识点和注意事项，对以前所学的理论知识进行精髓性的点明，既方便学生开展该模块的实训，又可以对理论知识进行深入复习，做到理论实践相互贯通，达到理论指导实践，实践检验理论的目的；实训资料来自于教师们多年的经验积累，参考大量的相关书籍和企业资料，为学生准备了实用、适用和够用的实训练习。

3．强化动手

本教材结合职业院校学生的知识和技能状况，每个模块都为学生设计了针对性强、简明易懂、由浅入深的实训资料，学生可以自己动手练习，提高专业技能水平。

本课程总学时数为 72 学时，各单元学时分配见下表（仅供参考）。

学时分配建议表

序 号	课程内容	课 时	备 注
1	模块一 公司注册流程	4	
2	模块二 会计书写技能	4	
3	模块三 原始凭证的填制和审核	10	
4	模块四 记账凭证的填制和审核	4	
5	模块五 账簿的建立和登记	8	
6	模块六 会计报表的编制	6	
7	模块七 纳税申报	6	
8	模块八 综合实训	30	
总计		72	

本教材由郑州市经济贸易学校朱烨、郑州市信息技术学校韩洁任主编。参与编写的有孙鹏（郑州市经济贸易学校）、邢艳辉（郑州市财贸学校）、张瑶（郑州市信息技术学校）、成锦（郑州市经济贸易学校）、赵萍（洛阳天诚会计师事务所）。全教材由无锡高等师范学校林云刚任主审。在本教材的编写过程中，参考了许多权威著作，并得到业内许多专家、学者的大力支持，郑州市财税专科学院侯丽萍高级讲师提出了大量宝贵意见，在此一并致谢！

由于时间和水平有限，本教材错误和疏漏在所难免，敬请广大读者指正。

编 者

目 录

模块一

公司注册流程

注册一个公司，首先要选择公司的形式。公司可以按照股东承担责任的形式分为无限公司、两合公司、有限责任公司、股份有限公司。有限责任公司，最低注册资金为 3 万元，需要两个（或以上）股东，从 2006 年 1 月起新的公司法规定，允许一个股东注册有限责任公司，这种特殊的有限责任公司又称为“一人有限公司”（但公司名称中不会有“一人”字样，执照上会注明“自然人独资”），最低注册资金为 10 万元。

公司注册流程大致分为以下十三个步骤。

一、核名

首先去工商局领取“企业名称预先核准申请表”填写相关信息。然后交给工商局，由工商局检索是否重名。如果没有重名，工商局就会核发一张“企业名称预先核准通知书”。

所需材料

（1）全体投资人签署的《企业名称预先核准申请书》。

（2）全体投资人签署的《指定代表或者共同委托代理人的证明》，应标明具体委托事项、被委托人的权限、委托期限。

（3）指定代表或者共同委托代理人的身份证。

二、选择注册地点

公司名称确定好后，接下来就是寻找公司的注册地点（一般为公司的经营地点）。如果公司使用自有房产作为经营场所，则须提交房屋产权证的复印件。如果没有自有房产，则需要去专门的写字楼租一间办公室，租房后要签订租房合同，并由房东提供房产证的复印件。

注意事项

（1）有些地区不允许在居民楼里办公。

（2）签订好租房合同后，还要到税务局去买印花税，按年租金的千分之一的税率购买。例如，每年房租是 1 万元，就要购买 10 元的印花税，贴在房租合同的首页。凡是需要用到房租合同的地方，需要的都是贴了印花税的合同复印件。

三、编写公司章程

公司章程是公司组织和活动的基本准则，在公司验资和设立登记时必须提供公司的章程。

注意事项

（1）可以在工商局网站下载“公司章程”的样本，结合本公司具体情况修改。

（2）章程的最后由所有股东签名。

四、刻法人章

五、到会计师事务所领取“银行询证函”

联系一家会计师事务所，领取一张“银行询证函”。

注意事项

银行询证函必须是原件，上面盖有会计师事务所的公章。

六、去银行开立公司验资户

所有股东带上自己入股的那一部分钱款到银行开验资户，开立好公司账户后，各个股东按自己的出资金额向公司账户中存入相应的钱款，银行会发给每个股东缴款单，并在询证函上加盖银行的印章。

所需资料

（1）公司章程。

（2）工商局发的核名通知。

（3）法人代表的私章、身份证、用于验资的钱款。

（4）空白询证函表格。

注意事项

公司法规定，注册公司时，投资人（股东）必须缴纳足额的资本，可以以货币形式出资，也可以以实物（如汽车）、房产、知识产权等出资。到银行办理的只是货币出资这一部分，如果用实物、房产等作为出资时，则需要到会计师事务所鉴定其价值后再以其实际价值出资，手续比较麻烦。

七、办理验资报告

股东到会计师事务所办理验资报告。

所需资料

（1）银行出具的股东缴款单。

（2）银行盖章后的询证函。

（3）公司章程。

（4）核名通知。

（5）房租合同、房产证复印件。

八、注册公司

到工商局领取公司设立登记的各种表格，包括设立登记申请表、股东（发起人）名单、董事经理监理情况、法人代表登记表、指定代表或委托代理人登记表。

所需资料

（1）企业名称预先核准通知书。

（2）全体股东签署的公司章程。

（3）房租合同或房产证复印件。

（4）验资报告。

（5）股东的主体资格证明。

股东为企业时，需要提交营业执照副本复印件。

股东为自然人时，需要提交身份证复印件。

九、刻公章

凭营业执照，到公安局指定的刻章社刻制公章和财务章。

所需材料

（1）《企业法人营业执照》（副本）或《营业执照》（副本）。

（2）法定代表人和经办人身份证。

（3）刻制公章申请书。

注意事项

后面步骤中，均需要用到公章或财务章。

十、办理企业组织机构代码证

凭营业执照到技术监督局办理组织机构代码证，办这个证需要半个月，技术监督局会首先发一个预先受理代码证明文件，凭这个文件才可以办理后面的税务登记证、银行基本户开户手续。

所需材料

（1）营业执照（副本）。

（2）公章。

（3）法定代表人或单位负责人身份证。

（4）经办人员身份证。

（5）《××市组织机构代码申请表》及新办须知。

十一、去银行开立基本账号

凭营业执照、组织机构代码证，去银行开立基本账号，最好是在原来办理验资时的银行的同一网点办理。

所需材料

（1）营业执照正本原件。

（2）组织机构代码证。

（3）公章。

（4）法人章。

（5）法定代表人身份证。

（6）开户申请书。

注意事项

开立基本户时，一般还需要购买一个支付密码器（多数银行有这个规定），以便在今后公司开具支票和划款时，使用密码器生成密码。

十二、办理税务登记证

领取执照后，三十个工作日内到当地税务局申请领取税务登记证。一般的公司都需要办理两种税务登记证，即国税登记证和地税登记证。

注意事项

办理税务登记证时，必须有一个专职会计，因为税务局要求提交的资料中有一项是会计资格证和身份证。

所需材料

（1）《税务登记表（适用单位纳税人）》。

（2）《企业法人营业执照》（副本）或《营业执照》（副本）。

（3）注册地址及生产、经营地址证明（产权证、租赁协议）。
（4）验资报告。
（5）组织机构代码证（副本）。
（6）公司章程。
（7）法定代表人（负责人）身份证。

十三、申请领购发票

如果公司的业务是销售商品，则应到国税申请发票。如果是服务性质的公司，则应到地税申领发票。

领取普通发票所需资料

（1）税务登记证（副本）。
（2）普通发票领购簿。
（3）经办人员身份证。
（4）财务专用章或发票专用章。
（5）填写“纳税人领购发票票种核定申请表”。

领取增值税专用发票所需资料

（1）税务登记证（副本）。
（2）防伪税控IC卡。
（3）经办人员身份证。

模块二

会计书写技能

实训要求

正确规范的书写是基本的会计技能。财经工作常用的数字有两种：一种是阿拉伯数字；另一种是中文大写数字。通常将用阿拉伯数字表示的金额数字简称为“小写金额”，用中文大写数字表示的金额数字简称为“大写金额”。通过本模块实训，使学生做到正确、规范、清晰、整洁、美观地进行财会书写。

任务一　阿拉伯数字的书写

实训目标

通过对阿拉伯数字的专项练习，做到正确地读、写数字，为正确、规范、快速地书写凭证、账簿、报表奠定基础。

实训指导

在有金额分位格的账表凭证上，对阿拉伯数字有特定的书写要求，如图 2-1 所示。

图 2-1

（1）书写数字应由高位到低位，从左至右，不可潦草、模棱两可，不得连笔写。

（2）账表凭证上书写的阿拉伯数字应使用斜体，斜度大约 60° 左右。

（3）数字高度约占账表、凭证金额分位格的二分之一至三分之二。

（4）除“7”和“9”上低下半格的四分之一，下伸次行上半格的四分之一处外，其他数字都要靠在底线上书写，不得悬空。

（5）“0”要写为椭圆形，下笔要由右上角按逆时针方向划出。

（6）“1”的下端应紧靠分位格的左下角。

（7）“4”的顶部不封口，写“∠”时应上抵中线，下至下半格的四分之一处，中竖斜度应为 60° 。

（8）“6”的上半部分应斜伸出上半格的四分之一的高度。

（9）写“8”时，上边要稍小，下边应稍大，注意起笔应写成斜“S”型，终笔与起笔交接处应成菱角。

（10）同行的相邻数字之间要空出半个阿拉伯数字的位置。

（11）如果没有账格线，数字书写时要同数位对齐书写。

（12）数字书写的整数部分，由右至左按“三位一节”用分节号“,”分开或空一个位置，便于读数和汇总计算。

实训资料

（1）阿拉伯数字书写练习。

1	2	3	4	5	6	7	8	9	0	1	2	3	4	5	6	7	8	9	0	1	2	3	4	5	6	7	8	9	0

（2）将下列大写金额改用小写金额表示。

① 人民币陆佰肆拾捌元伍角贰分　　¥

② 人民币伍拾元整　　¥

③ 人民币壹拾元整　　¥

④ 人民币捌万元整　　¥

⑤ 人民币壹拾亿元整　　¥

⑥ 人民币肆元整　　¥

⑦ 人民币伍元伍角整　　¥

⑧ 人民币柒角贰分　　¥

⑨ 人民币玖角捌分　　　　　　　　　　　¥

⑩ 人民币捌分　　　　　　　　　　　　　¥

（3）读出数字，并写在以下表格中。

¥48 325.80										¥50 673.57										¥9 836.23									
千	百	十	万	千	百	十	元	角	分	千	百	十	万	千	百	十	元	角	分	千	百	十	万	千	百	十	元	角	分

任务二　文字的书写

实训目标

通过对中文大写数字的专项练习，做到正确地读写大写数字金额，为快速、正确、规范地书写凭证、账簿、报表奠定基础。

实训指导

1. 用正楷字体或行书字体书写

不得任意自造简化字。大写金额数字到元或者角为止的，在“元”或者“角”字之后应填写“整”字或者“正”字；大写金额数字有分的，分字后面不写“整”或者“正”字。

2.“人民币”与数字之间不得留有空位

有固定格式的重要凭证，大写金额栏一般都印有“人民币”字样，书写时，金额数字应紧接在“人民币”后面，在“人民币”与大写金额数字之间不得留有空位。大写金额栏没有印有“人民币”字样的，应在大写金额数字前填写“人民币”三字。

3. 有关“零”的写法

通常在填写重要凭证时，为了增强金额数字的准确性和可靠性，需要同时书写小写金额和大写金额，且二者必须相符。当小写金额数字中有“0”时，大写金额的书写方式要看“0”所在的位置。

（1）金额数字尾部的“0”，无论有一个还是有连续几个，大写金额写到非零数位后，用

一个“整（正）”字结束，都不需用“零”来表示。例如，“¥6.70”，大写金额数字应写为“人民币陆元柒角整”；又如，“¥300.00”，应写为“人民币叁佰元整”。

（2）小写金额数字中间有“0”时，大写金额数字应按照汉语语言规律，金额数字构成和防止涂改的要求进行书写。举例说明如下。

① 小写金额数字中间只有一个“0”时，大写金额数字要写为“零”字。例如，“¥406.89”，大写金额应写为“人民币肆佰零陆元捌角玖分”。

② 小写金额数字中间连续有几个“0”时，大写金额数字可以只写一个“零”字。例如，“¥2 005.43”，大写金额应写为“人民币贰仟零伍元肆角叁分”。

③ 小写金额数字元位是“0”，或者数字中间连续有几个“0”，且元位也是“0”，但角位不是“0”时，大写金额数字中间可以只写一个“零”字，也可以不写“零”字。例如，“¥9 680.30”，大写金额应写为“人民币玖仟陆佰捌拾元零叁角整”，或者写为“人民币玖仟陆佰捌拾元叁角整”；又如，“¥720 000.35”，大写金额应写为“人民币柒拾贰万元零叁角伍分”，或者写成“人民币柒拾贰万元叁角伍分”。

④ 小写金额数字角位是“0”而分位不是“0”时，大写金额“元”字后必须写“零”字。例如，“¥667.08”，大写金额应写为“人民币陆佰陆拾柒元零捌分”。

4.“壹”开头的别丢“壹”

当数字首位是“1”时，中文前面必须写上“壹”字。例如，“¥16.44”应写为“人民币壹拾陆元肆角肆分”；又如，“¥100 000.00”应写为“人民币壹拾万元整”。

实训资料

（1）汉字大写数字书写练习。

壹	贰	叁	肆	伍	陆	柒	捌	玖	拾
零	佰	仟	万	亿	元	角	分	整	正

（2）将下列小写数字金额改写为中文大写金额。

① ¥24 675.23　　应写为：

② ¥382 607.50　　应写为：

③ ¥6 000 846.13　　应写为：

④ ¥5 128 723.45　　应写为：

⑤ ¥875 689 430.09　　应写为：

⑥ ¥48 325.80　　应写为：

⑦ ¥243 804.00　　应写为：

⑧ ¥8 000 412.66　　应写为：

⑨ ¥6 243 216.05　　应写为：

⑩ ¥454 821 760.40　　应写为：

模块三

原始凭证的填制和审核

实训要求

原始凭证又称为单据，是在经济业务发生或完成时填制或取得的，用来证明某项经济业务发生或完成的情况，明确有关经济责任，是具有法律效力的书面证明。原始凭证是进行会计核算的原始资料。通过本模块实训，使学生掌握日常工作中常用单据的正确填制方法和审核办法。

任务一　原始凭证的填制

实训 1　现金支票的填制

实训目标

根据提供的资料，按照要求正确填写现金支票。

实训指导

1．现金支票的填制要求

（1）签发支票时必须使用黑色墨水填写，内容填写齐全。

（2）出票日期：应填写实际的出票日期，支票正联出票日期必须使用中文大写，存根联出票日期使用阿拉伯数字填写。

为防止出票日期的涂改，填写时应注意，“壹月”、“贰月”前加写“零”，“拾月”至“拾贰月”必须写为“壹拾月”、“壹拾壹月”、“壹拾贰月”。日为“壹”至“玖”时，应在前面加写“零”，日为“拾日”至“拾玖”时，应在前面加写“壹”。

（3）收款人：应填写收款人全称，不得简写，支票正联与存根联的收款人应一致，并与预留在银行的印鉴中的单位名称保持一致。

（4）金额：转账支票正联的大写金额数字应顶格写，不得留有空白；小写金额数字前应填写人民币符号“¥”，小写金额数字不得连笔写，以防分辨不清。存根联的小写金额数字应与支票正联的大、小写金额相同。

（5）用途：要如实填写用途，支票联和存根联填写的用途要一致。

（6）出票人签章：在支票联正面出票人签章处按预留在银行的印鉴分别签章，两个签章（单位的财务专用章和法人代表私章）不得漏缺，印章必须清晰可见。现金支票还应在支票联背面“收款人签章”处按照预留在银行的印鉴签章。

（7）支票签发后，将支票联从存根联的骑缝线处裁开，支票联交给收款人，存根联留下作为单位的记账依据。

2．现金支票填写的注意事项

（1）支票正面不能有涂改痕迹，否则该支票作废。

（2）支票的金额和收款人名称可以由出票人授权补记。

（3）禁止签发空头支票。出票人签发支票的金额不得超出付款时在付款行处实有的存款金额。《票据管理实施办法》第三十一条规定，签发空头支票或者签发与其预留的签章不符的支票，不以骗取财物为目的的，由中国人民银行处以票面金额 5%但不低于 1 000 元的罚款。中国人民银行还明确规定，对空头支票的罚款，由出票人在规定期限内到指定的罚款代收机构主动缴纳，逾期不缴纳的，央行及其分支机构可采取每日按罚款数额的 3%加处罚款，要求银行停止其签发支票，申请人民法院强制执行等措施。

（4）现金支票只能用于支取现金。

（5）现金支票不得背书转让。

（6）对于作废的支票不得撕去，应由签发单位自行注销，与存根联折在一起保管，在结清账户时连同未使用的空白支票一并缴还银行。

（7）现金支票收款人可写为本单位名称，此时现金支票背面加盖本单位的财务专用章和法人章，以及代理人的身份证号码。

（8）现金支票收款人可写为收款人个人姓名，此时现金支票背面不盖任何章，收款人在现金支票背面填上身份证号码和发证机关名称，凭身份证和现金支票签字领款。

【例 1】 2012 年 2 月 2 日，中原市威远有限责任公司提取现金 2 000 元备用。

公司法人代表：张浩

开户银行：中国工商银行中原市分行阳光路支行

开户银行账号：6632 7785 6358 9720

要求：正确填写现金支票（见表 3-1 和表 3-2）。

表 3-1

中国工商银行现金支票存根
支票号码 00268121
附加信息
出票日期 2012 年 02 月 02 日
收款人：中原市威远有限责任公司
金　额：¥2 000.00
用　途：备用金
单位主管　会计

中国工商银行**现金支票**（豫）支票号码 00268121

出票日期（大写） 贰零壹贰年 零贰月 零贰 日　付款行名称：中国工商银行中原市分行阳光路支行

收款人　中原市威远有限责任公司　出款人账号：6632 7785 6358 9720

付款期限自出票之日起十天

人民币（大写） 贰仟元整	千	百	十	万	千	百	十	元	角	分
				¥	2	0	0	0	0	0

用途 备用金　密码

本支票款项请从我账户内支付

中原市威远有限责任公司 财务章　张浩印

出票人签章　复核　记账

表 3-2

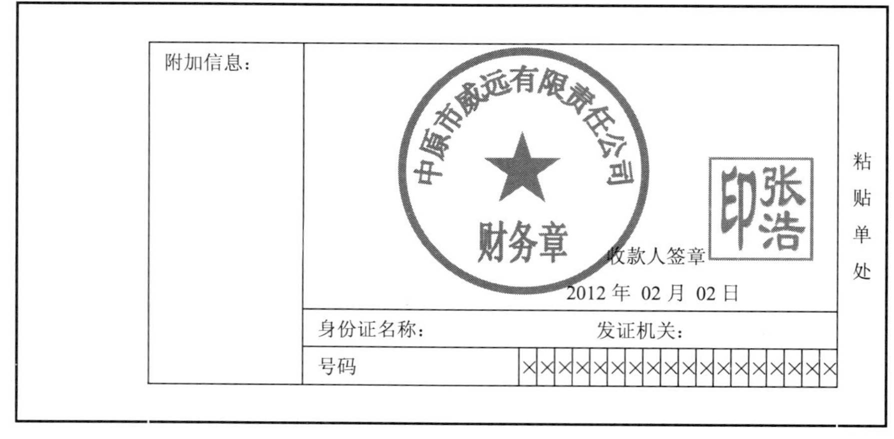
附加信息：
中原市威远有限责任公司 财务章　张浩印
收款人签章
2012 年 02 月 02 日
身份证名称：　发证机关：
号码
粘贴单处

实训资料

2012 年 5 月 9 日，中原市威远有限责任公司提取现金 5 000 元备用。

公司法人代表：张浩

开户银行：中国工商银行中原市分行阳光路支行

开户银行账号：6632 7785 6358 9720

要求：正确填写现金支票（见表 3-3 和表 3-4）。

表 3-3

<table>
<tr><td rowspan="6">中国工商银行现金支票存根
支票号码 00268122
附加信息

出票日期　年　月　日
收款人：
金　额：
用　途：
单位主管　　会计</td><td colspan="12">中国工商银行现金支票（豫）支票号码 00268122</td></tr>
<tr><td colspan="12">出票日期（大写）　年　月　日　　付款行名称：
收款人　　出款人账号：</td></tr>
<tr><td rowspan="4">付款期限自出票之日起十天</td><td rowspan="2">人 民 币
（大写）</td><td>千</td><td>百</td><td>十</td><td>万</td><td>千</td><td>百</td><td>十</td><td>元</td><td>角</td><td>分</td></tr>
<tr><td></td><td></td><td></td><td></td><td></td><td></td><td></td><td></td><td></td><td></td></tr>
<tr><td colspan="3">用途
本支票款项请从我账户内支付</td><td colspan="8">密码</td></tr>
<tr><td colspan="3">出票人签章</td><td colspan="8">复核　　记账</td></tr>
</table>

表 3-4

<table>
<tr><td rowspan="3">附加信息：</td><td colspan="19">收款人签章
年　月　日</td><td rowspan="3">粘贴单处</td></tr>
<tr><td colspan="19">身份证名称：　　发证机关：</td></tr>
<tr><td>号码</td><td></td><td></td><td></td><td></td><td></td><td></td><td></td><td></td><td></td><td></td><td></td><td></td><td></td><td></td><td></td><td></td><td></td><td></td></tr>
</table>

实训 2　转账支票的填制

实训目标

根据提供的资料，按照要求正确填写转账支票。

实训指导

1．转账支票的填制要求

（1）签发支票时必须使用黑色墨水填写，内容填写齐全。

（2）出票日期：应填写实际出票日期，不得补填或预填日期。转账支票正联的出票日期应使用中文大写，存根联的出票日期使用阿拉伯数字填写。二者应保持一致。

（3）收款人：应填写收款人全称，不得简写，支票正联与存根联的收款人应一致。

（4）金额：转账支票正联的大写金额数字应顶格写，不得留有空白；小写金额数字前应填写人民币符号“¥”，小写金额数字不得连笔写，以防分辨不清。存根联的小写金额数字应与支票正联的大、小写金额相同。

（5）用途：要如实填写用途，支票正联与存根联填写的用途应一致。

（6）出票人签章：出票人应在转账支票正联的“出票人签章”处签章。出票人为单位时，应为该单位与银行预留印鉴一致的财务专用章或者公章，以及其法人或者其授权的代理人的签名或者盖章。出票人为个人时，应为该人与银行预留签章一致的签名或者盖章。

（7）支票签发后，将支票联从存根联的骑缝线处裁开，支票联交给收款人，存根联留下作为单位的记账依据。

2．转账支票填写的注意事项

（1）转账支票的金额、出票日期和收款人不能涂改，否则票据无效。若其他事项错误，则予以更正时，应加盖预留在银行的印鉴之一，予以证明。

（2）转账支票的金额和收款人名称，可以由出票人授权补记。

（3）禁止签发空头支票。出票人签发支票，必须控制在付款时其存款账户余额可支取的金额范围内。对于签发空头支票或印鉴与预留银行印鉴不符的支票，以及支付密码错误的支票，银行应予以退票，并按票面金额处以 5%但不低于 1 000 元的罚款。持票人有权要求出票人赔偿支票金额 2%的赔偿金。对屡次签发错误支票的，银行应停止其签发支票。

（4）转账支票只能用于转账。

（5）转账支票在提示的付款期内，持票人可以在同一票据交换区域将其转让给其他单位或个人。转让时应在支票正联的背面签章，填写背书日期和被背书人。支票在出票人授权补记支票金额、收款人名称等信息未补记前时，不得背书转让和提示付款。

（6）对于作废的支票不得撕去，应由签发单位自行注销。与存根联折在一起保管，在结清账户时连同未使用的空白支票一并缴还银行。

（7）转账支票收款人应填写为对方单位名称。转账支票背面本单位不盖章。收款单位取得转账支票后，在支票背面被背书栏内加盖收款单位财务专用章和法人章，填写银行进账单后连同该支票交给收款单位的开户银行委托银行收款。

【例 2】 2012 年 2 月 3 日，中原市威远有限责任公司开出转账支票一张，用于支付中原市益达有限责任公司的材料款 50 000 元。中原市益达有限责任公司账号：8872 5569 3721 5840；开户银行：中国工商银行中原市分行富春路支行。中原市威远有限责任公司账号：6632

7785 6358 9720；开户银行：中国工商银行中原市分行阳光路支行。要求正确填写转账支票（见表 3-5 和表 3-6）。

表 3-5

中国工商银行转账支票存根	中国工商银行**转账支票**（豫）支票号码 00655863
支票号码 00655863	出票日期（大写）贰零壹贰年零贰月零叁日　付款行名称：中国工商银行中原市分行阳光路支行
附加信息	收款人：中原市益达有限责任公司　出款人账号：6632 7785 6358 9720
	付款期限自出票之日起十天
出票日期 2012 年 02 月 03 日	人民币（大写）伍万元整　千 百 十 万 千 百 十 元 角 分：¥ 5 0 0 0 0 0 0
收款人：中原市益达有限责任公司	用途　材料款　　密码
金　额：¥50 000.00	本支票款项请从我账户内支付　　行号
用　途：材料款	出票人签章（中原市威远有限责任公司 财务章）（张浩印）
	复核　　记账
单位主管　　会计	此区域供打印磁性字码

表 3-6

附加信息：	被背书人	被背书人	（粘贴单处）	根据《中华人民共和国票据法》等法律法规的规定，签发空头支票由中国人民银行处以票面金额 5%但不低于 1000 元的罚款。
	背书人签章 年　月　日	背书人签章 年　月　日		

实训资料

2012 年 5 月 12 日，中原市威远有限责任公司签发转账支票一张，用于归还欠中原市海虹公司的货款，金额为 200 000 元。

中原市海虹公司账号：0000 8568 9135 5673；开户银行：中国工商银行中原市分行东大街支行。

中原市威远有限责任公司账号：6632 7785 6358 9720；开户银行：中国工商银行中原市分行阳光路支行。

要求：正确填写转账支票（见表 3-7 和表 3-8）。

表 3-7

<table>
<tr><td rowspan="2">中国工商银行转账支票存根
支票号码 00655864
附加信息

出票日期　　年　月　日
收款人：
金　额：
用　途：
单位主管　　会计</td><td>中国工商银行转账支票（豫）支票号码 00655864
出票日期（大写）　　年　　月　　日　　付款行名称：
收款人　　出款人账号：
付款期限自出票之日起十天
<table><tr><td rowspan="2">人民币
（大写）</td><td>千</td><td>百</td><td>十</td><td>万</td><td>千</td><td>百</td><td>十</td><td>元</td><td>角</td><td>分</td></tr><tr><td></td><td></td><td></td><td></td><td></td><td></td><td></td><td></td><td></td><td></td></tr></table>用途　　密码
本支票款项请从我账户内支付　　行号
出票人签章
复核　　记账</td></tr>
<tr><td>此区域供打印磁性字码</td></tr>
</table>

表 3-8

<table>
<tr><td rowspan="2">附加信息：</td><td>被背书人</td><td>被背书人</td><td rowspan="2">（粘贴单处）</td><td rowspan="2">根据《中华人民共和国票据法》等法律法规的规定，签发空头支票由中国人民银行处以票面金额 5% 但不低于 1000 元的罚款。</td></tr>
<tr><td>背书人签章
年　月　日</td><td>背书人签章
年　月　日</td></tr>
</table>

实训 3　银行进账单的填制

实训目标

根据提供的资料，按照要求正确填写银行进账单。

实训指导

1. 银行进账单的填制要求

（1）凭证日期：为填写银行进账单的实际日期，与办理转账结算票据所填写的日期不完全一致。

（2）第　号：为本期填写银行进账单的顺序编号。

（3）出票人：根据出票人全称、账号和开户银行填写。

（4）收款人：根据持票人的全称、账号和开户银行填写。

（5）进账单金额：银行本票、支票，根据票面金额填写。银行汇票根据汇票的实际结算金额填写。

（6）票据种类：收款人填制银行进账单的票据名称，如转账支票、银行本票等。

（7）票据张数：收款人办理转账结算的票据张数。银行汇票包括银行汇票正联和解讫通知两张，其他票据均为票据正联一张。

2．银行进账单填写的注意事项

（1）进账单与支票配套使用，可以一张支票填制一份进账单，也可以多张支票（不超过四笔）汇总金额后填制一份进账单，即允许办理一收多付（一贷多借）。

（2）对于办理一收多付（一贷多借）的进账单，客户必须根据不同的票据种类和支票签发人所属的不同票据交换行处分别填制，不得混淆。这样规定的主要原因一是票据种类不同，如支票、银行汇票，在银行内部核算处理的方法和要求不一样；二是由于受路途远近，交通情况等客观条件的限制，一些基层交换行处有的参加二次交换，有的只能参加一次交换，在交换票据的处理，资金的抵用时间等方面就存在差异。鉴于上述原因，这样规定就保证了客户及时用款。

（3）进账单上填列的收款人名称、账号、金额及内容均不得更改，其他项目内容应根据所附支票的相关内容据实填列。这是因为，银行受理票据后，支票和进账单二者分离，要分别在不同的柜组或行处之间进行核算处理，为了防止差错纠纷和经济案件的发生，便于事后查找，故作此明确规定。

【例3】 2012年2月4日，中原市威远公司收到宁波市绿叶有限责任公司开出的转账支票一张，金额为100 000元。宁波市绿叶有限责任公司账号：2306 7788 5678 2510；开户银行：中国工商银行宁波市分行中兴路支行。中原市威远有限责任公司账号：6632 7785 6358 9720；开户银行：中国工商银行中原市分行阳光路支行。

要求：正确填制银行进账单（见表3-9）。

表3-9

中国工商银行 进 账 单（收账通知）

2012年　02月　04日　　　　豫 No. 00129588

出票人	全　称	宁波市绿叶有限责任公司	收款人	全　称	中原市威远有限责任公司
	账　号	2306 7788 5678 2510		账　号	6632 7785 6358 9720
	开户银行	中国工商银行宁波市分行中兴路支行		开户银行	中国工商银行中原市分行阳光路支行

人民币（大写）壹拾万元整	千	百	十	万	千	百	十	元	角	分
		¥	1	0	0	0	0	0	0	0

票据种类	转账支票	中国工商银行中原市分行阳光路支行 2012年02月04日 转讫
票据张数	正联一张	
复核：　记账：		收款人开户银行签章

此联是持票人开户银行交给持票人的收账通知

实训资料

2012 年 5 月 14 日，中原市威远有限责任公司向本市白云公司销售商品一批，价税合计 240 000 元，收到转账支票一张。白云公司的账号：0000 8571 0265 7956；开户银行：中国工商银行中原市分行远大路支行。中原市威远有限责任公司账号：6632 7785 6358 9720；开户银行：中国工商银行中原市分行阳光路支行。

要求：正确填制银行进账单（见表 3-10）。

表 3-10

中国工商银行 进 账 单（收账通知）

年　　月　　日　　　　豫 No. 00129589

<table>
<tr><td rowspan="3">出票人</td><td>全　称</td><td colspan="3"></td><td rowspan="3">收款人</td><td>全　称</td><td colspan="10"></td></tr>
<tr><td>账　号</td><td colspan="3"></td><td>账　号</td><td colspan="10"></td></tr>
<tr><td>开户银行</td><td colspan="3"></td><td>开户银行</td><td colspan="10"></td></tr>
<tr><td colspan="7" rowspan="2">人民币（大写）</td><td>千</td><td>百</td><td>十</td><td>万</td><td>千</td><td>百</td><td>十</td><td>元</td><td>角</td><td>分</td></tr>
<tr><td></td><td></td><td></td><td></td><td></td><td></td><td></td><td></td><td></td><td></td></tr>
<tr><td colspan="2">票据种类</td><td colspan="3"></td><td colspan="12" rowspan="3">收款人开户银行签章</td></tr>
<tr><td colspan="2">票据张数</td><td colspan="3"></td></tr>
<tr><td colspan="5">复核：　　记账：</td></tr>
</table>

此联是持票人开户银行交给持票人的收账通知

实训 4　收据的填制

实训目标

根据提供的资料，按照要求正确填制收据。

实训指导

收据的填写要求。

（1）年/月/日：出纳收到款项的当天，用阿拉伯数字填写。

（2）今收到：交款对象的名称。填写交款人的实际姓名。

（3）人民币（大写）：填写收到人民币的实际金额的汉字大写，应顶格填写，不得留有空白，注意要与小写金额一致。在“¥”后紧接着写小写金额，不留空白，金额要求精确到分。

（4）收款事由：收到款项的具体理由。

（5）收据签名：收据由出纳人员填写完整后签名，加盖财务部门公章，并由经手人（即交款人）签名。

【例 4】 2012 年 2 月 5 日，中原市威远有限责任公司财务科出纳董洁，收到职工张芳上交的有线电视费 156 元。

要求：根据以上资料正确填制收据（见表 3-11）。

表 3-11

收　　据

2012 年　02 月　05 日

今收到 张芳

人民币（大写）壹佰伍拾陆元整　　¥156.00

系　收 有线电视费

第二联　记账联

收款单位（盖章）中原市威远有限责任公司 财务章　　出纳 董　洁　　经手人 张芳

实训资料

2012 年 5 月 11 日，中原市威远有限责任公司财务科出纳董洁，收到职工刘明上交的水电费 300 元。

要求：根据以上资料正确填制收据（见表 3-12）。

表 3-12

收　　据

年　　月　　日

今收到

人民币（大写）　　¥

系　收

第二联　记账联

收款单位（盖章）　　出纳　　经手人

实训5　借款单的填制

实训目标

根据提供的资料，按照要求正确填制借款单。

实训指导

借款单的填制要求。

（1）年/月/日：根据借款的实际日期填写，用阿拉伯数字填写。

（2）借款单位：填写借款人所在的单位或部门和借款人姓名。

（3）借款理由：填写借取现金的具体理由。

（4）借款数额：人民币（大写），即借款人借款金额的汉字大写，应顶格写，不得留有空白，注意要与小写金额一致。在“¥”后紧接着写小写金额，不留空白，金额要求到分。

（5）借款单签名：由借款人填写完整，并签上借款人姓名后，首先经借款人所在部门主管签字，再由公司领导审核后签字同意。

【例5】 2012年2月6日，中原市威远有限责任公司采购科刘明因公出差，需借取现金1 500元，采购科科长王林同意签字，公司经理张浩批准借款。

要求：根据以上资料正确填制借款单（见表3-13）。

表3-13

借　款　单

2012年　02月　06日

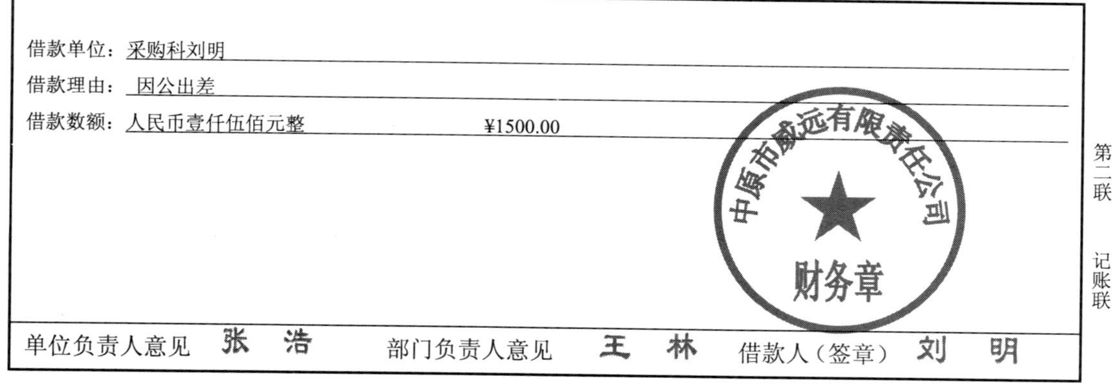

借款单位：采购科刘明

借款理由：因公出差

借款数额：人民币壹仟伍佰元整　　¥1500.00

第二联　记账联

单位负责人意见　张　浩　　部门负责人意见　王　林　　借款人（签章）　刘　明

实训资料

2012年5月15日，中原市威远有限责任公司副经理刘威因到广州参加技术交流会，需借取现金3 000元，公司领导张浩已在借款单上签字同意借款。

要求：根据以上资料正确填制借款单（见表3-14）。

表 3-14

借　款　单

年　　　月　　　日

借款单位：					
借款理由：					
借款数额：　　　　¥					
单位负责人意见		部门负责人意见		借款人（签章）	

第二联　记账联

实训 6　普通发票的填制

实训目标

根据提供的资料，按照要求正确填写普通发票。

实训指导

1．普通发票的填制要求

（1）付款单位：填写付款单位的全称，不得简写。

（2）年/月/日：按照开具发票的日期填写，用阿拉伯数字填写。

（3）项目内容：填写所付款项的内容，如业务招待费、会议培训费等。

（4）金额：按照实际支付的款项金额填写。

（5）合计人民币（大写）：大写金额数字应顶格写，不得留有空白；小写金额数字前应填写人民币符号“¥”，小写金额数字不得连笔写，以防分辨不清。大、小写金额相同。

（6）收款单位名称：开具发票的单位的全称。同时，要加盖收款单位发票专用章。

（7）开票人：开具发票人员签章。

2．填制普通发票的注意事项

《中华人民共和国发票管理办法实施细则》（国税发[1993]157 号）第三十二条规定：不符合规定的发票是指开具或取得的发票是应经而未经税务机关监制，或填写项目不齐全，内容不真实，字迹不清楚，没有加盖财务印章或发票专用章，伪造、作废以及其他不符合税务机关规定的发票。

第三十五条规定：单位和个人在开具发票时，必须做到按号码顺序填开，填写项目齐全，内容真实，字迹清楚，全部联次一次复写、打印，内容完全一致，并在发票联加盖单位财务印章或者发票专用章。

【例 6】 2012 年 2 月 9 日，中原市威远有限责任公司收到中原市长江有限责任公司的房屋租赁费 24 000 元，并开出普通发票一张。开票人：董洁。

要求根据以上资料正确填制普通发票（见表 3-15）。

表 3-15

河南省国家税务局通用手工发票

发 票 联

密码 ■■■■■■■

付款单位：中原市长江有限责任公司

发票代码 137000000000

发票号码 01246782

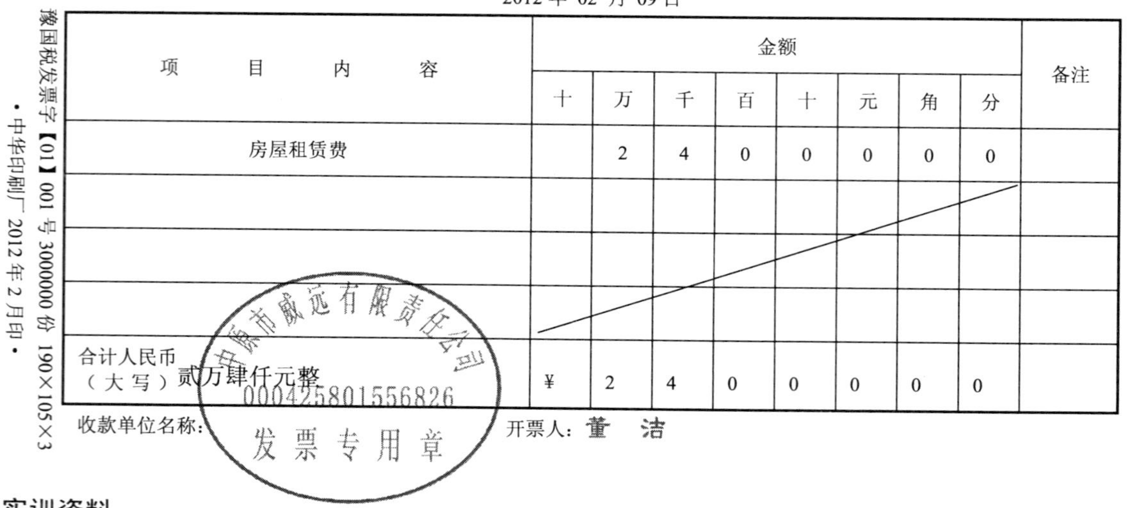

2012 年 02 月 09 日

项　目　内　容	金额								备注
	十	万	千	百	十	元	角	分	
房屋租赁费		2	4	0	0	0	0	0	
合计人民币（大写）贰万肆仟元整	¥	2	4	0	0	0	0	0	

收款单位名称：　　　　开票人：董　洁

中原市威远有限责任公司 000425801556826 发票专用章

豫国税发票字【01】001 号 300000 份 190×105×3 ·中华印刷厂 2012 年 2 月印·

实训资料

2012 年 5 月 16 日，中原市白云股份有限责任公司到中原市威远有限责任公司参观学习，向中原市威远有限责任公司支付参观学习费 2 000 元，中原市威远有限责任公司向中原市白云股份有限公司开具一张普通发票。开票人：董洁。

要求：根据以上资料正确填制普通发票（见表 3-16）。

表 3-16

河南省国家税务局通用手工发票

发 票 联

密码 ■■■■■■■

付款单位：

发票代码 137000000001

发票号码

年　月　日

项　目　内　容	金额								备注
	十	万	千	百	十	元	角	分	
合计人民币（大写）									

收款单位名称：　　　　开票人：

中原市威远有限责任公司 000425801556826 发票专用章

豫国税发票字【01】001 号 300000 份 190×105×3 ·中华印刷厂 2012 年 2 月印·

实训 7　增值税专用发票的填制

实训目标

根据提供的资料，按照要求正确填写增值税专用发票。

实训指导

1．增值税专用发票的填制要求

（1）开票日期：填写开具增值税专用发票的日期。

（2）购货单位："名称"栏，填写购货单位名称的全称，不得简写。如果单位名称较长，可在"名称"栏分上下两行填写，必要时可写出该栏的上下横线。"地址、电话"栏，填写购货方单位的详细地址和电话号码。"纳税人识别号"栏，填写购货单位税务登记证上的纳税人识别号码，不得简写。"开户行及账号"栏，填写购货单位的开户银行名称及其账号。

（3）货物或应税劳务名称：填写销售货物或应税劳务的名称。如果销售货物或应税劳务的品种较多，纳税人可按照不同税率的货物进行汇总开具专用发票，在这种情况下，本栏可填写"汇总"或"××等，详见清单"字样。

（4）计量单位：填写销售货物或应税劳务的计量单位。

（5）数量：填写销售货物或应税劳务的数量。

（6）单价：填写销售货物或应税劳务的不含税单价。汇总开具专用发票时，可不填该栏。

（7）金额：填写销售货物或应税劳务的销售额。企业应按不含税单价和数量相乘计算填写，计算公式为：金额=不含税单价×数量。

（8）税率：填写销售货物或应税劳务的适用税率。

（9）税额：填写销售货物或应税劳务的销项税额。

（10）合计：填写销售项目的销售额（金额）、税额各自的合计数。开具专用发票时，必须在"金额"、"税额"栏合计（小写）数前用"¥"符号封顶，未封顶的专用发票不得作为购货方的扣税凭证。

（11）价税合计：填写各项商品销售额（金额）与税额汇总数的大写金额，必须在大写合计数前用"⊗"符号封顶，（小写）数前用"¥"符号封顶，未封顶的专用发票不得作为购货方的扣税凭证。

（12）销货单位：销货单位的"名称"、"地址"、"电话"、"纳税人识别号"、"开户行及账号"等栏，这些项目的填写内容与购货单位有关项目基本相同，但填写方式有所不同。纳税人领购专用发票（电脑版专用发票除外）时必须在专用发票一至四联（存根联、发票联、抵扣联、记账联）的有关栏目中加盖专用发票销货单位栏戳记，经税务机关检验无误后方可使用。纳税人不得使用未加盖上述戳记或印迹不清晰的专用发票。

（13）收款人：填写办理收款事项人员的姓名。

（14）备注：填写一些需要补充说明的事项。

2. 增值税专用发票填写的注意事项

（1）在“单价”栏中，应填写销售货物或应税劳务的不含税单价。在实际工作中特别容易将本栏错填为含税单价。因单价栏错填而使购货方不能抵扣税款的情况时有发生。

（2）在“金额”栏内，应填写销售货物或应税劳务的数量乘以单价的金额。实行防伪税控系统的企业，在发生销货退回或折让需要开具红字发票时，应改为开具负数发票，在“金额”栏填写负数。

（3）实际工作中，由于单价小数点后位数的取舍关系，有时使用换算后的不含税单价计算出的销售额及税额之和与换算前的含税收入有一定的差别，尽管数额可能很小，但难以处理。这属于正常现象，按照规定可以作为购货方的扣税凭证。

（4）不得超面额开具专用发票，即销售额合计数不得超过专用发票规定的最高限额。例如，10 万元版专用发票开具的销售额合计数不能超过 10 万位；万元版专用发票开具的销售额合计数不能超过万位。

（5）专用发票“销货单位”栏戳记是指按照专用发票“销货单位”栏的内容（包括销货单位名称、税务登记号、地址、电话号码、开户银行及账号等）和格式刻制的专用印章，用于加盖在专用发票“销货单位”栏内。专用发票“销货单位”栏戳记全国统一使用蓝色印泥。纳税人开具专用发票（电脑版专用发票除外）不得手工填写“销货单位”栏。从 1995 年 11 月 1 日起，凡手工填写“销货单位”栏的（由税务机关代开的专用发票除外），均属于未按规定开具专用发票，购货方不得作为扣税凭证。

【例 7】 2012 年 2 月 10 日，中原市威远有限责任公司向长沙市巨湘有限责任公司销售乙产品 40 件，不含税单价 1 000 元。销售货物适用的增值税税率为 17%。货款已全部收到。

中原市威远有限责任公司的纳税人识别号：000425801556826；地址：中原市阳光路 88 号；电话：68994266；开户银行：中国工商银行中原市分行阳光路支行；账号：6632 7785 6358 9720；开票人：董洁。

长沙市巨湘有限责任公司纳税人识别号：0005716984478；地址：长沙市湘江路 24 号；电话：87556789；开户银行：中国工商银行长沙市分行湘江路支行；账号：7733 8561 2714 4488。

要求：根据以上资料编制增值税专用发票（见表 3-17）。

实训资料

2012 年 5 月 10 日，中原市威远有限责任公司向北京长城公司销售某产品 100 件，单位售价 500 元（不含税）。销售货物适用的增值税税率为 17%，货款已全部收到。

北京市长城公司的纳税人识别号：110121131221108；地址：北京市中原西路 111 号；电话：82818446；开户银行：中国工商银行北京市分行中原西路支行；账号：0089 6475 0089 3451。

中原市威远有限责任公司的纳税人识别号：000425801556826；地址：中原市阳光路 88 号；电话：68994266；开户银行：中国工商银行中原市分行阳光路支行；账号：6632 7785 6358 9720；开票人：董洁。

要求：根据以上资料填写增值税专用发票——发票联（见表 3-18）。

表 3-17

河南省增值税专用发票　　No. 0083165467

1100084140　　**发　票　联**　　开票日期 2012 年 02 月 10 日

购货单位	名　　称：长沙市巨湘有限责任公司 纳税人识别号：0005716984478 地址、　电话：长沙市湘江路 24 号 87556789 开户行及账号：中国工商银行长沙分行市湘江路支行 7733 8561 2714 4488	密码区					
货物或应税劳务名称	规格型号	单位	数量	单价	金额	税率	税额
乙产品		件	40	1000	40000.00	17%	6800.00
合计					¥40000.00		¥6800.00
价税合计（大写）	⊗肆万陆仟捌佰元整				（小写）¥46800.00		
销货单位	名　　称：中原市威远有限责任公司 纳税人识别号：000425801556826 地址、　电话：中原市阳光路 88 号 68994266 开户行及账号：中国工商银行中原市分行阳光路支行 6632 7785 6358 9720	备注	中原市威远有限责任公司 000425801556826 发票专用章				

第二联　发票联　购货方记账凭证

收款人：××　　复　核：××　　开票人：董　洁　　销货单位（公章）：

表 3-18

1100084140　　**河南省增值税专用发票**　　No. 0083165468

发　票　联　　开票日期

购货单位	名　　称： 纳税人识别号： 地址、　电话： 开户行及账号：	密码区					
货物或应税劳务名称	规格型号	单位	数量	单价	金额	税率	税额
合计							
价税合计（大写）					（小写）		
销货单位	名　　称： 纳税人识别号： 地址、　电话： 开户行及账号：	备注	中原市威远有限责任公司 000425801556826 发票专用章				

第二联　发票联　购货方记账凭证

收款人：　　复　核：　　开票人：　　销货单位（公章）：

实训8　差旅费报销单的填制

实训目标

根据提供的资料，按照要求正确填制差旅费报销单。

实训指导

1．差旅费报销单的填制要求

（1）年/月/日：出差人员填写报销单的当日，用阿拉伯数字填写。

（2）姓名：填写出差人员的姓名。

（3）职务：填写出差人员的行政职务或专业技术职务。

（4）起讫时间地点：按时间的顺序填写某月某日离开的城市和某月某日到达的城市，应与所附的车船票印制的日期一致。

（5）在途补助：出差人员在乘坐车、船的路途中应领取的伙食补助费，包括天数和金额两项。天数为从某一城市到另一城市在途中行走的天数；金额为在途天数乘以单位规定的在途每日伙食补助标准计算得到的数额。

（6）住勤补助：出差人员到达某一城市后应领取的伙食补助费用，包括天数和金额两项内容。天数为出差人员到达某一城市后实际居住的天数，应与住宿发票注明的天数一致。金额为住勤天数乘以单位规定的住勤每日伙食补助标准计算的数额。

（7）车船费：出差人员本次出差应报销的车船票的费用，应与所附的车船票的金额一致。

（8）会议费：出差人员本次出差参加会议，由会议主办方开具的会议费票据所载明的费用，应与所附的会议费发票金额一致。

（9）其他：不属于以上内容的准予报销的费用金额，应与其后所附的发票金额一致。

（10）合计人民币：以上各部分内容金额的合计数。大写金额数字应顶格写，不得留空。小写金额数字应紧接着“¥”填写。大、小写的金额数字应一致。

（11）出差事由：出差人员本次出差的具体理由。

（12）预借、报销、应退（补）：预借，填写出差人员于本次出差前实际预借的差旅费金额，应与“其他应收款”有关明细账记录的借款金额一致。报销，即本次准予报销的差旅费用，填写人民币合计金额。应退（补），即出差人员本次报销出差费用之后，应退回的借款余额或应补领的报销费用金额。

（13）报销单签名：差旅费报销单由出差人员根据有关票据的内容填写后在“报销人”处签名，经审核人和会计主管审核无误签名后，由单位领导审核签字报销。

2．填制差旅费报销单的注意事项

（1）有附件的报销单，应在报销单上注明附件的自然张数。

（2）附件的粘贴应遵从以下要求：发票上有日期的按照日期顺序整理；发票上无日期的

随意安排。附件可粘贴在报销单的背面，张数过多时也可另行粘贴，并附在报销单之后。粘贴时不得遮盖附件的报销金额及其基本内容。规格大于报销单大小的发票，应当按报销单大小折叠。用胶水粘贴，不得用订书机装订。

（3）一张报销单后附发票的张数尽量控制在 10 张以内（过路费、车票除外）。

（4）也可以将相近日期的发票粘贴在同一张报销单上。

【例 8】 2012 年 2 月 11 日，中原市威远有限责任公司采购员刘明出差回来报销差旅费。刘明于 2 月 7 日离开中原市到南京市采购原材料，2 月 9 日从南京返回中原市。往返路途两天，每天补助伙食费 60 元；在南京住宿两天，每天补助伙食费 80 元；往返火车票两张，每张 260 元；住宿费发票一张，金额 300 元。出差前预借差旅费 1 500 元。会计主管张青、审核孙爱菊已对票据审核签字，公司领导张浩已签字同意报销。

要求：根据以上资料填制差旅费报销单（见表 3-19）。

表 3-19

差旅费报销单

姓名：刘明　　职务：采购员　　2012　年　02　月　11　日　　单位：元

起迄时间地点						在途补助		住勤补助		车船费		住宿费		会议费		其他	
月	日	起点	月	日	终点	天数	金额	天数	金额	张数	金额	张数	金额	张数	金额	张数	金额
02	07	中原市	02	07	南京市	1	60.00	2	160.00	2	520.00	1	300.00				
02	09	南京市	02	09	中原市	1	60.00										
小计							120.00		160.00		520.00		300.00				
合计人民币（大写）壹仟壹佰元整															¥1100.00		
出差事由：采购原材料										预借¥1500.00		核销¥1100.00		应退（补）¥400.00			

公司领导 张　浩　　会计主管 张青　　审核 孙爱菊　　报销人 刘　明

（印章：中原市威远有限责任公司 财务章）

实训资料

2012 年 5 月 15 日，中原市威远有限责任公司副经理刘威填制差旅费报销单报销出差费用。刘威于 5 月 3 日离开中原市到广州参加技术交流会，5 月 12 日从广州回到中原市。往返路途两天，每天补助伙食费 60 元；在广州住宿九天，每天补助伙食费 80 元；往返飞机票两张，每张 900 元；住宿费发票一张，金额 1 800 元；会议费发票一张，金额 500 元；资料费发票三张，金额 300 元；预借差旅费 3 000 元。会计主管张青、审核孙爱菊已对票据审核签字，公司领导张浩签字同意报销。

要求：根据以上资料填制差旅费报销单（见表 3-20）。

表 3-20

差旅费报销单

姓名：　　　　　　职务：　　　　　　年　　月　　日　　　　　　　　单位：元

起讫时间地点						在途补助		住勤补助		车船费		住宿费		会议费		其他	
月	日	起点	月	日	终点	天数	金额	天数	金额	张数	金额	张数	金额	张数	金额	张数	金额
小计																	
合计人民币（大写）													¥				
出差事由										预借		核销		应退（补）			

公司领导　　　　　　会计主管　　　　　　审核　　　　　　报销人

实训 9　收料单的填制

实训目标

根据提供的资料，按照要求正确填制收料单。

实训指导

收料单的填制要求

（1）年/月/日：填写收到材料或货物的当天日期。

（2）供应单位：材料或货物的销售单位，根据增值税专用发票注明的“销货单位”填写。

（3）发票号码：根据增值税专用发票印制的发票号码填写。

（4）材料名称：根据增值税专用发票“货物或应税劳务名称”栏表明的材料名称顺序填写。

（5）规格型号：根据发票中的“规格型号”栏的有关内容填写。

（6）单位：材料或货物的计量单位。与增值税专用发票的有关内容一致。

（7）数量：包括应收和实收数量两部分内容，应收数量根据增值税专用发票“数量”栏的有关内容填写；实收数量根据仓库收料人员收到的材料或货物的实际数量填写。

（8）实际成本：包括单价、买价、运杂费和合计四项内容，单价根据增值税专用发票中所列材料的“单价”栏有关数据对应填写；其余三项根据“材料采购成本计算表”中的有关数据对应填写。

（9）计划成本：包括单价和金额两部分，单价根据企业制定的该种材料的计划单价填写；金额即为该材料的实际数量乘以计划单价得到的数据。

（10）收料单签名：仓库主管、收料人员和材料的采购人员分别在相应位置签名，以明确各自的经济责任。

【例 9】 2012 年 2 月 12 日，中原市威远有限责任公司从太原市诚信公司购进的甲、乙、丙材料运达，验收入库。增值税专用发票号码为 073254，购进数量分别为 1 000 千克、2 000 千克、1 000 千克，单价分别为 8 元、18 元、40 元；计划单价分别为 7 元、18 元、42 元；运费经过计算分别为 200 元、400 元、200 元。应收数量和实收数量一致。仓库主管周亮。收料人刘佳。采购员刘明。

要求：根据以上资料正确填制收料单（见表 3-21）。

表 3-21

收料单

供应单位：太原市诚信公司　　　　编号 20120201

发票号码：073254　　　　2012 年 02 月 12 日　　　　单位：元

材料名称	规格型号	计量单位	数量		实际成本				计划成本		材料成本差异	
			应收	实收	单价	买价	运杂费	合计	单价	金额	超支	节约
甲材料		千克	1 000	1 000	8	8 000	200	8 200	7	7 200	1 000	——
乙材料		千克	2 000	2 000	18	36 000	400	36 400	18	36 400	——	——
丙材料		千克	1 000	1 000	40	40 000	200	40 200	42	42 200	——	2000
合计						84 000	800	84 800		85 800	——	1000

仓库主管：周 亮　　记账：　　收料：刘 佳　　业务采购：刘 明

实训资料

2012 年 5 月 16 日，中原市威远有限责任公司从浙江省远达公司购进的甲、乙、丙材料运达，验收入库。增值税专用发票号码为 086234，购进数量分别为 2 000 千克、5 000 千克、10 000 千克，单价分别为 8 元、20 元、40 元；计划单价分别为 7 元、18 元、42 元；运费经过计算分别为 100 元、250 元、500 元。应收数量和实收数量一致。仓库主管周亮。收料人刘佳，采购员张鹏。

要求：根据以上资料正确填制收料单（见表 3-22）。

表 3-22

收料单

供应单位：　　　　编号

发票号码：　　　　年　　月　　日　　　　单位：元

材料名称	规格型号	计量单位	数量		实际成本				计划成本		材料成本差异	
			应收	实收	单价	买价	运杂费	合计	单价	合计	超支	节约
合计												

仓库主管：　　记账：　　收料：　　业务采购：

实训 10 入库单的填制

实训目标

根据提供的资料，按照要求正确填写入库单。

实训指导

入库单的填写要求

（1）年/月/日：按照入库的实际日期填写，用阿拉伯数字填写。
（2）材料名称：填写入库材料的具体名称。
（3）计量单位：入库材料的计量单位，如钢材的计量单位为吨等。
（4）数量：按照入库材料的实际数量填写。
（5）实际成本：根据“材料采购成本计算表”中的有关数据对应填写。
（6）计划成本：根据“材料采购成本计算表”中的有关数字对应填写。
（7）入库单签名：由入库人、复核人和库管员分别在相应的位置签名，明确经济责任。

【例 10】 2012 年 2 月 13 日，中原市威远有限责任公司材料仓库收到采购部门交送的甲材料 1 000 千克，经检验合格准予入库。材料采购成本计算表中的实际成本单价为 7.8 元。计划成本为 7 元。入库人王亮。库管员刘佳。仓库主管周亮。

要求：根据以上资料正确填制入库单（见表 3-23）。

表 3-23

材料入库单

交料单位：采购部　　2012 年 02 月 13 日　　编号 20120213　　单位：元

材料编号	材料名称	计量单位	数量	实际成本		计划成本	
				单价	合计	单价	合计
A1001	甲材料	千克	1 000	7.80	7 800.00	7.00	7 000.00
合计					7 800.00		7 000.00

仓库主管：周　亮　　收料：刘　佳　　交料：王　亮　　制表：

实训资料

2012 年 5 月 20 日，中原市威远公司材料仓库收到采购部门交送的 A 材料 100 件，经检验准予入库。材料采购成本计算表中的实际成本单价为 25 元；计划成本为 20 元。入库人王亮。库管员刘佳。仓库主管周亮。

要求：根据以上资料正确填制入库单（见表 3-24）。

表 3-24

材料入库单

交料单位：　　　　　　　　　　　　年　　月　　日　　　　编号：　　　　单位：元

材料编号	材料名称	计量单位	数量	实际成本		计划成本	
				单价	合计	单价	合计
合计							

仓库主管：　　　　　　收料：　　　　　　交料：　　　　　　制表：

实训 11　领料单的填制

实训目标

根据提供的资料，按照要求正确填制领料单。

实训指导

领料单的填制要求

（1）年/月/日：填写领用材料的当天日期，用阿拉伯数字填写。

（2）领用单位：填写领用材料的车间或部门。

（3）用途：填写领用材料的实际用途。

（4）材料名称、规格型号、单位：根据仓库设置的材料账簿对领取的材料名称、规格、型号和相应的计量单位进行填写。

（5）数量：本部分包括请领和实发数量两项内容。请领内容按领取部门申请的材料数量填写；实发内容按仓库实际发出的该材料数量填写。

（6）领料单签名：仓库主管、发料人、领料人分别在相应位置签字，以明确相应的经济责任。

【例 11】 2012 年 2 月 17 日，中原市威远有限责任公司材料仓库向三车间发放甲材料、乙材料、丙材料用于生产 A 产品，数量分别是 500 千克、1 000 千克、500 千克，车间申请数量和实发数量一致。三车间领料人郑伟。仓库发料人刘佳。仓库主管周亮。

要求：根据以上资料正确填制领料单（见表 3-25）。

表 3-25

公司领料单

领用单位：三车间

用　　途：生产 A 产品　　　2012 年 02 月 17 日　　　编号：20120217

材料名称	规格型号	单位	数量		备注
			请领	实发	
甲材料		千克	500	500	
乙材料		千克	1 000	1 000	
丙材料		千克	500	500	

仓库主管：周　亮　记账：　　　发料：刘　佳　　　领料：郑　伟

实训资料

2012 年 5 月 18 日，中原市威远有限责任公司材料仓库向一车间发放丙材料、丁材料用于生产 B 产品，数量分别是 1 000 千克、1 200 千克，车间申请数量和实发数量一致。一车间领料人王凯。仓库发料人刘佳。仓库主管周亮。

要求：根据以上资料正确填制领料单（见表 3-26）

表 3-26

公司领料单

领用单位：

用　　途：　　　年　　月　　日　　　编号：

材料名称	规格型号	单位	数量		备注
			请领	实发	

仓库主管：　　　记账：　　　发料：　　　领料：

实训 12　出库单的填制

实训目标

根据提供的资料，按照要求正确填写产品出库单。

实训指导

产品出库单的填写要求如下。

（1）收货单位（地址）：填写收货单位的详细地址。

（2）出库日期：按照产品出库的实际日期填写，用阿拉伯数字填写。

（3）产品名称：出库产品的具体名称。

（4）规格型号：根据出库产品的实际规格型号填写。

（5）单位：出库产品的计量单位，如钢材的计量单位为吨等。

（6）数量：按照出库产品的实际数量填写。

（7）出库单签名：由仓库主管、发货人、送货人、收货人分别在相应的位置签名，以明确经济责任。

【例 12】 2012 年 2 月 18 日，中原市威远有限责任公司产成品仓库向购货方中原市德胜公司（中原市江汉路 55 号）发出 A 产品 1 500 件，B 产品 2 000 件。仓库主管王海。发货人刘梅。送货人张宇。

要求：根据以上资料正确填制产品出库单（见表 3-27）。

表 3-27

产品出库单

NO：20120218

收货单位（地址）：中原市江汉路 55 号				出库日期：2012 年 2 月 18 日	
序号	产品名称	规格型号	单位	数量	备注
	A 产品		件	1 500	
	B 产品		件	2 000	

仓库主管：　王海　　发货人：　刘梅　　送货人：　张宇　　收货人：

实训资料

2012 年 5 月 22 日，中原市威远有限责任公司产成品仓库向购货方中原市田园商场（中原市友谊路 67 号）发出 A 产品 800 件，B 产品 1 000 件。仓库主管王海。发货人刘梅。送货人李军。

要求：根据以上资料正确填制产品出库单（见表 3-28）。

表 3-28

产品出库单

NO：

收货单位（地址）：				出库日期：　　年　月　日	
序号	产品名称	规格型号	单位	数量	备注

仓库主管：　　发货人：　　送货人：　　收货人：

实训 13 托收承付结算凭证的填制

实训目标

根据提供的资料，按照要求正确填写托收承付结算凭证。

实训指导

托收承付结算凭证的填制要求

（1）托收承付结算凭证分为邮划托收承付凭证和电划托收承付凭证两种。两种托收承付凭证是托收承付结算的两种方式，虽然在款项划回的方式及凭证联次上有所区别，但两种凭证的作用和填制要求是一样的。

（2）委托日期：办理托收承付凭证的日期。

（3）第　号：本期办理托收承付凭证的顺序号。

（4）付款人：本栏根据双方签订的购销合同提供的有关资料，正确填写付款人全称、账号和开户银行名称。

（5）收款人：本栏应规范填写收款人本单位的全称、账号、开户银行名称及行号。

（6）托收金额：本栏填写的大小写金额数字应与所附寄的增值税专用发票和运费发票等单证的合计金额数字相同。

（7）附寄单证张数或册数：根据附寄交付开户银行的增值税专用发票、运费发票等单证的实际张数或册数填写。

（8）商品发运情况：注明商品实际发运情况，商品是否发运，采用何种运输方式。

（9）合同名称号码：本栏应注明向付款人发运商品依据的购销合同名称及号码。

【例 13】 2012 年 2 月 19 日，中原市威远有限责任公司向天津市淮海有限责任公司销售丙产品一批，合同号为 112 号；金额为 50 000 元；增值税额为 8 500 元；货物采用汽车运输，威远公司代垫运费 4 800 元，并将填写的一式五联的电划托收承付凭证，连同增值税专用发票和运费发票一并送交开户银行。开户银行于当日审查无误后，将托收凭证第一联回单加盖业务公章后退回。

天津市淮海有限责任公司开户银行：中国工商银行天津市分行海河路支行；账号：2583 6677 8899 2299。

中原市威远有限责任公司账号：6632 7785 6358 9720；开户银行：中国工商银行中原市分行阳光路支行；行号 69；托收凭证编号 12-11。

要求：根据以上资料填制托收承付凭证（见表 3-29）。

实训资料

2012 年 5 月 21 日，中原市威远有限责任公司向湖南省长沙市建达公司销售甲产品一批，合同号为 123 号，金额为 20 000 元，增值税为 3 400 元，代垫运费 2 000 元，并将填写的一式五联的电划托收承付凭证，连同增值税专用发票和运费发票一并送交开户银行。开户银行于当日审查无误后，将托收凭证第一联回单加盖业务公章后退回。长沙市建达公司的开户银行：中国工商银行长沙市分行湘江支行，账号：0004 5678 9666 5219；中原市威远有限责任公司账号：6632 7785 6358 9720，开户银行：中国工商银行中原市分行阳光路支行，行号 69，托收凭证编号 12-33。

要求：根据以上资料正确填制托收承付凭证（见表 3-30）。

表 3-29

托收承付 凭证（回单） 1

委托日期 2012 年 02 月 19 日

<table>
<tr><td rowspan="3">付款人</td><td>全 称</td><td colspan="3">天津市淮海有限责任公司</td><td rowspan="3">收款人</td><td>全 称</td><td colspan="10">中原市威远有限责任公司</td></tr>
<tr><td>账号或地址</td><td colspan="3">2583 6677 8899 2299</td><td>账 号</td><td colspan="10">6632 7785 6358 9720</td></tr>
<tr><td>开户银行</td><td colspan="3">中国工商银行天津市分行海河路支行</td><td>开户银行</td><td colspan="6">工行中原市分行阳光路支行</td><td colspan="2">行号</td><td colspan="2">69</td></tr>
<tr><td rowspan="2">托收金额</td><td colspan="6" rowspan="2">人民币
（大写）陆万叁仟叁佰元整</td><td>千</td><td>百</td><td>十</td><td>万</td><td>千</td><td>百</td><td>十</td><td>元</td><td>角</td><td>分</td></tr>
<tr><td></td><td></td><td>¥</td><td>6</td><td>3</td><td>3</td><td>0</td><td>0</td><td>0</td><td>0</td></tr>
<tr><td colspan="3">附 件</td><td colspan="4">商品发运情况</td><td colspan="10">合同名称号码</td></tr>
<tr><td colspan="2">附寄单证张数或册数</td><td>叁张</td><td colspan="4">已发货，垫付运费</td><td colspan="10">112</td></tr>
<tr><td colspan="3">备注：</td><td colspan="4">款项收妥日期
年 月 日</td><td colspan="10">收款人开户银行盖章 年 月 日
中国工商银行中原市分行 阳光路支行 2012.02.19 业务专用章</td></tr>
</table>

单位主管 张青　　会计 孙爱菊　　复核　　记账

表 3-30

托收承付 凭证（回单） 1

委托日期 年 月 日

<table>
<tr><td rowspan="3">付款人</td><td>全 称</td><td colspan="3"></td><td rowspan="3">收款人</td><td>全 称</td><td colspan="10"></td></tr>
<tr><td>账号或地址</td><td colspan="3"></td><td>账 号</td><td colspan="10"></td></tr>
<tr><td>开户银行</td><td colspan="3"></td><td>开户银行</td><td colspan="6"></td><td colspan="2">行号</td><td colspan="2"></td></tr>
<tr><td rowspan="2">托收金额</td><td colspan="6" rowspan="2">人民币
（大写）</td><td>千</td><td>百</td><td>十</td><td>万</td><td>千</td><td>百</td><td>十</td><td>元</td><td>角</td><td>分</td></tr>
<tr><td></td><td></td><td></td><td></td><td></td><td></td><td></td><td></td><td></td><td></td></tr>
<tr><td colspan="3">附 件</td><td colspan="4">商品发运情况</td><td colspan="10">合同名称号码</td></tr>
<tr><td colspan="2">附寄单证张数或册数</td><td></td><td colspan="4"></td><td colspan="10"></td></tr>
<tr><td colspan="3">备注：</td><td colspan="4">款项收妥日期
年 月 日</td><td colspan="10">收款人开户银行盖章 年 月 日</td></tr>
</table>

单位主管　　会计　　复核　　记账

实训 14 电汇凭证的填制

实训目标

根据提供的资料，按照要求正确填写电汇凭证。

实训指导

电汇凭证的填制要求

（1）委托日期：汇款人向汇出银行提交电汇凭证的当日。

（2）第　号：本期办理电汇凭证的顺序编号。

（3）汇款人：汇款人如为单位的，应填写单位全称和银行账号；如为个人，则应填写个人的全名及详细地址；汇出地点应填写汇款人所在地的省、市、县；汇出行名称应填写办理汇款的银行。

（4）收款人：收款人如为单位的，应填写单位全称和银行账号；如为个人，则应在全称栏中填写收款人的姓名；汇入地点应填写收款人所在地的省、市、县名称；汇入行名称应填写收款人办理收款手续的银行名称。

（5）汇款金额：人民币（大写）应顶格填写，按照规范的汉字书写；小写金额数字最高位前加人民币符号“¥”。注意，大小写金额应一致。

（6）汇款用途：应填写汇出款项的实际用途。

（7）汇款人签章：汇款单位的会计主管、会计、复核人员在相应的位置签章；汇出行在相应位置盖章。

【例 14】 2012 年 2 月 21 日，中原市威远有限责任公司向广州市白云有限责任公司电汇材料款 78 000 元。中原市威远有限责任公司账号：6632 7785 6358 9720；开户银行：中国工商银行中原市分行阳光路支行。广州市白云有限责任公司账号：4452 3799 6458 2210；开户银行：中国工商银行广州市分行八一路支行。电汇凭证编号：02-11。

要求：根据以上资料填制电汇凭证（回单）（见表 3-31）。

表 3-31

中国工商银行**电汇**凭证（回单）

委托日期　2012 年　02 月　21 日　　第 02-11 号

汇款人	全称	中原市威远有限责任公司	收款人	全称	广州市白云有限责任公司
	账号或住址	6632 7785 6358 9720		账号或住址	4452 3799 6458 2210
	汇出地点	河南 省 中原 市县；汇出行名称：中国工商银行中原市分行阳光路支行		汇入地点	广东 省 广州 市县；汇入行名称：中国工商银行广州市分行八一路支行

金额	人民币（大写）柒万捌仟元整	千	百	十	万	千	百	十	元	角	分
				¥	7	8	0	0	0	0	0

汇款用途：货款

上列款项已根据委托办理，如需查询，请持此回单来行面洽。

汇出行盖章：中国工商银行中原市分行 阳光路支行 2012年02月21日 转讫　年　月　日

单位主管 张青　会计 孙爱菊　复核　记账

此联汇出行给汇款人的回单

实训资料

2012 年 5 月 28 日，中原市威远有限责任公司采用电汇的方式向上海市远洋公司汇出材料款 200 000 元。中原市威远有限责任公司账号：6632 7785 6358 9720；开户银行：中国工商银行中原市分行阳光路支行。上海市远洋有限责任公司账号：1003 8065 9204 6678；开户银行：中国工商银行上海市分行浦东支行。电汇凭证编号：9-6。

要求：根据以上资料正确填写电汇凭证（回单）（见表 3-32）。

表 3-32

中国工商银行电汇凭证（回单）

委托日期　　年　　月　　日　　　　　　第　　号

<table>
<tr><td rowspan="3">汇款人</td><td>全称</td><td colspan="5"></td><td rowspan="3">收款人</td><td>全称</td><td colspan="10"></td></tr>
<tr><td>账号或住址</td><td colspan="5"></td><td>账号或住址</td><td colspan="10"></td></tr>
<tr><td>汇出地点</td><td></td><td>省</td><td></td><td>市县</td><td>汇出名称</td><td>汇入地点</td><td></td><td>省</td><td></td><td>市县</td><td>汇入行名称</td><td colspan="5"></td></tr>
<tr><td rowspan="2">金额</td><td colspan="8" rowspan="2">人民币（大写）</td><td>千</td><td>百</td><td>十</td><td>万</td><td>千</td><td>百</td><td>十</td><td>元</td><td>角</td><td>分</td></tr>
<tr><td></td><td></td><td></td><td></td><td></td><td></td><td></td><td></td><td></td><td></td></tr>
<tr><td colspan="9">汇款用途：</td><td colspan="10" rowspan="2">汇出行盖章

年　月　日</td></tr>
<tr><td colspan="9">上列款项已根据委托办理，如需查询，请持此回单来行面洽。

单位主管　　会计　　复核　　记账</td></tr>
</table>

此联汇出行给汇款人的回单

实训 15　现金存款凭条的填制

实训目标

根据提供的资料，按照要求正确填写现金存款凭条。

实训指导

现金存款凭条的填制要求

（1）年/月/日：单位到银行交款的日期，用阿拉伯数字填写。
（2）存款人全称：填写存款单位的全称，不能使用简称。
（3）存款人账号：填写存款单位的银行账号。
（4）款项来源：填写交款单位存进银行的现金的来源，如销货款、投资款等。
（5）开户行：填写存款单位的开户行名称。
（6）交款人：前来办理存款业务的人员姓名。
（7）人民币（大写）：交款单位存进银行的现金合计数，用规范的汉字书写，不得随意简化。
（8）金额（小写）：用阿拉伯数字填写。注意：在最高位前用人民币符号“¥”封顶。

【例 15】 2012 年 2 月 22 日，中原市威远有限责任公司出纳董洁将当天的销货款 5 000 元存入中国工商银行中原市分行阳光路支行。中原市威远有限责任公司账号：6632 7785 6358 9720。

要求：根据以上资料填制现金存款凭条（见表 3-33）。

表 3-33

中国工商银行现金存款凭条

日期：2012 年 02 月 22 日

存款人	全称	中原市威远有限责任公司		
	账号	6632 7785 6358 9720	款项来源	销货款
	开户行	中国工商银行中原市分行阳光路支行	交款人	中原市威远有限责任公司

金额（大写）伍仟元整	金额（小写）	亿	千	百	十	万	千	百	十	元	角	分
						¥	5	0	0	0	0	0

票面	张数	千	百	十	元	角	分	票面	张数	千	百	十	元	角	分	备注
壹佰元								伍角								
伍拾元								贰角								
贰拾元								壹角								
拾元								伍分								
伍元								贰分								
贰元								壹分								
壹元								其他								

实训资料

2012 年 5 月 28 日，中原市威远有限责任公司出纳董洁将当天的销货款 4 800 元存入中国工商银行中原市分行阳光路支行。中原市威远有限责任公司账号：6632 7785 6358 9720。

要求：根据以上资料填写现金存款凭条（见表 3-34）。

表 3-34

中国工商银行现金存款凭条

日期：　　年　月　日

存款人	全称			
	账号		款项来源	
	开户行		交款人	

金额（大写）	金额（小写）	亿	千	百	十	万	千	百	十	元	角	分

票面	张数	千	百	十	元	角	分	票面	张数	千	百	十	元	角	分	备注
壹佰元								伍角								
伍拾元								贰角								
贰拾元								壹角								
拾元								伍分								
伍元								贰分								
贰元								壹分								
壹元								其他								

实训 16　银行汇票申请书的填制

实训目标

根据提供的资料，按照要求正确填写银行汇票申请书。

实训指导

1．银行汇票申请书的填制要求

（1）申请人使用银行汇票，应向出票银行填写银行汇票申请书。

（2）申请日期：申请办理银行汇票的日期。

（3）申请人：规范填写申请人本单位的全称、账号，申请人可以是个人。

（4）用途：按实际用途填写，如采购材料等。

（5）收款人：规范填写收款人本单位的全称、账号，收款人可以是个人。

（6）代理付款行：只有现金汇票才需要指定代理付款行。由于现金汇票仅在申请人即汇款人与收款人都是个人时才能签发，所以单位申请开出的银行汇票都不是现金汇票，都不需要填写代理付款行。

（7）汇票金额：人民币（大写）应顶格填写，按照规范的汉字书写；小写金额数字最高位前加人民币符号“¥”。注意：大小写金额应一致。

（8）签章：签章为该单位预留银行的签章。

2．填制银行汇票申请书的注意事项

申请人和收款人均为个人，需要使用银行汇票向代理付款人支取现金的，申请人须在银行汇票申请书上填明代理付款人名称，在“汇票金额”栏先填写“现金”字样，后填写汇票金额。申请人或者收款人为单位的，不得在银行汇票申请书上填明“现金”字样。

【例 16】 2012 年 2 月 24 日，中原市威远有限责任公司申请办理银行汇票一张，金额 56 000 元，用途是采购材料。收款人是上海市金龙商贸公司，账号：0036 7348 9800 6712，

中原市威远有限责任公司账号：6632 7785 6358 9720。

要求：根据以上资料正确填制银行汇票申请书（见表 3-35）。

实训资料

2012 年 5 月 29 日，南京市光明有限责任公司申请办理银行汇票一张，金额 90 000 元，用途是采购材料。收款人是杭州市金丝有限责任公司，账号：6670 7834 9843 9988。南京市光明有限责任公司账号：0677 3476 0099 0351。

要求：根据以上资料正确填制银行汇票申请书（见表 3-36）。

表 3-35

中国工商银行汇票申请书　　（存　根）

申请日期 2012 年 2 月 24 日　　第　号

申请人	中原市威远有限责任公司		收款人	上海市金龙商贸公司								
账号或地址	6632 7785 6358 9720		账号或地址	0036 7348 9800 6712								
用途	采购材料		代理付款行									
汇票金额	人民币（大写）	伍万陆仟元整	百	十	万	千	百	十	元	角	分	
				¥	5	6	0	0	0	0	0	
备注			科目______ 对方科目______ 财务主管　复核　经办									

此联由汇款单位或个人留存代替记账凭证

表 3-36

中国工商银行汇票申请书　　（存　根）

申请日期　年　月　日　　第　号

申请人			收款人									
账号或地址			账号或地址									
用途			代理付款行									
汇票金额	人民币（大写）		百	十	万	千	百	十	元	角	分	
备注			科目______ 对方科目______ 财务主管　复核　经办									

此联由汇款单位或个人留存代替记账凭证

任务二　原始凭证的审核

实训目标

根据提供的资料，审核有关原始凭证。

实训指导

审核原始凭证，必须从以下五个方面进行。

（1）真实性。主要对原始凭证的填制日期、业务内容及有关数据等的真实性进行审核。

无论是外来的原始凭证还是自制的原始凭证，都必须有填制单位或经办部门和有关人员的盖章及签名。

（2）合法性。主要审核原始凭证所记录的经济业务内容是否符合国家有关法律法规的规定，是否有贪污腐败行为。

（3）合理性。主要审核原始凭证所记录的经济业务内容是否符合企业生产活动的需要，是否符合有关计划和预算的要求，是否符合费用开支的标准等。

（4）完整性。主要审核原始凭证的各项基本要素是否齐全，日期是否完整，文字和数字是否清晰工整，凭证的联次是否正确，有关公章和签名是否齐全，是否有漏项等。

（5）正确性。主要审核原始凭证所记录的经济业务内容，文字表述是否准确，数字计算及填写是否正确，大小写金额是否相符，大写金额前要加“人民币”字样，小写金额前要标明“¥”符号，阿拉伯数字不得连写等。对凭证非金额部分错误的更正，是否在更正处加盖公章等。

实训资料

审核下列原始凭证，指出存在哪些方面的错误。

（1）2012 年 6 月 2 日，中原市威远有限责任公司出纳董洁开出 3 000 元的现金支票一张，准备提取备用金（见表 3-37）。

表 3-37

（存根部分）

中国工商银行现金支票存根

支票号码 00268036

附加信息

出票日期 2012 年 06 月 02 日

收款人：董洁

金　额：3 000.00

用　途：备用金

单位主管　　会计

（支票正联）

中国工商银行**现金支票**（豫）支票号码 00268036

出票日期（大写）　2012　年　06　月　02　日　　付款行名称：

收款人　董洁　　出款人账号：

付款期限自出票之日起十天

人民币（大写）	千	百	十	万	千	百	十	元	角	分
叁仟元整					3	0	0	0	0	0

用途　备用金

本支票款项请从我账户内支付

中原市威远有限责任公司 财务章

张浩印

出票人签章

密码

复核　　记账

（2）2012 年 6 月 8 日，中原市志远有限责任公司向中原市威远有限责任公司购进甲产品一批，数量 200 件，单价 500 元，增值税税率为 17%（见表 3-38）。

表 3-38

1100084140

No. 0083172856

开票日期

购货单位	名　　称：中原市志远有限责任公司 纳税人识别号：41001012345678 地 址、电 话：中原市经一路 12 号　12345678 开户行及账号：中国工商银行中原市分行经一路支行 2233 4455 7788 6677	密码区	

货物或应税劳务名称	规格型号	单位	数量	单价	金额	税率	税额
甲产品		件	200	500	100000.00	17%	17000.00
合计					100000.00		17000.00
价税合计（大写）	壹拾壹万柒仟元整				（小写）117000.00		

销货单位	名　　称： 纳税人识别号： 地址、　电话： 开户行及账号：	备注	中原市威远有限责任公司 000425801556826 26 发票专用章

收款人：　　复　核：　　开票人：　　销货单位（公章）：

第二联　发票联　购货方记账凭证

（3）2012 年 6 月 10 日，采购员刘明因出差预借差旅费 2 000 元（见表 3-39）。

表 3-39

借　款　单

2012 年　6 月 10 日

借款单位：采购科刘明	
借款理由：差旅费	
借款数额：人民币贰仟元整	¥2 000.00
单位负责人意见　张　浩　　部门负责人意见　张青	借款人（签章）　中原市威远有限责任公司 财务章

第二联　会计记账

（4）2012 年 6 月 15 日，收到保洁员上交的废品收入 100 元（见表 3-40）。

表 3-40

收　　据

2012 年　6 月 15 日

今收到　中原市威远公司

人民币（大写）壹佰元整　　¥100.00

系 收　废品收入

（印章：中原市威远有限责任公司 财务章）

收款单位（盖章）　　出纳　　经手人

模块四

记账凭证的填制和审核

实训要求

通过本模块实训，使学生掌握记账凭证的填制、审核和整理装订的正确方法。

任务一　记账凭证的填制

实训目标

正确解读原始凭证，并能够根据所给的原始凭证正确填制记账凭证。

实训指导

记账凭证填制要求

（1）年/月/日：应以财会部门受理经济业务事项的日期为准，用阿拉伯数字填写。

（2）字第　号：应当对记账凭证进行连续编号，不得重号、跳号，可在每月最后一张记账凭证上注明“全”字，表示本月记账凭证编制完毕。

采用通用记账凭证时，可按经济业务发生的顺序编号。采用专用记账凭证时，可采用“三类字号编号法”，即收字第×号、付字第×号和转字第×号；也可采用“五类字号编号法”，即现收字第×号、现付字第×号、银收字第×号、银付字第×号、转字第×号。一笔经济业务需要填制两张以上记账凭证时，可采用“分数编号法”，但不得将不同类型的经济业务合并填制一张记账凭证，混淆账户的对应关系。

（3）摘要：应简明扼要，说明问题。

（4）总账科目和明细科目：填写经济业务涉及的全部应借、应贷一级科目及其所属的明细科目名称。

（5）金额：应填写借贷方一级科目及所属明细科目的发生额。应注意记账凭证所填金额要和所附原始凭证或原始凭证汇总表的金额一致。

（6）合计：应填写经济业务的总金额，合计行金额数字前必须填写人民币符号“¥”，且借方金额合计与贷方金额合计应一致。

（7）注销空行：记账凭证填制完经济业务事项后，如有空行，应自金额栏最后一笔数字下的右上角处至最底一行的左下角处划一条对角斜线或“S”形线注销。

（8）附件：填写该记账凭证所附的原始凭证的张数。

（9）签章：由与该记账凭证有关的人员签章。

【例 1】 中原市威远有限责任公司 2012 年 10 月发生的部分业务如下：

（1）2012 年 10 月 3 日，销售 A 产品一批，价款为 10 000 元，税款为 1 700 元，款项已收到存入银行。

要求：根据业务填制收款凭证（见表 4-1）。

（2）2012 年 10 月 18 日，用现金支付购买办公用品费用 80 元。

要求：根据业务填制付款凭证（见表 4-2）。

表 4-1

收款凭证

借方科目：银行存款　　2012 年 10 月 03 日　　银 收 字第 05 号

摘 要	贷方科目		账页	金 额									
	总账科目	明细科目		千	百	十	万	千	百	十	元	角	分
销售产品，款项已收	主营业务收入	A 产品					1	0	0	0	0	0	0
	应缴税费	应交增值税（进项税额）						1	7	0	0	0	0
合 计						¥	1	1	7	0	0	0	0

附单据 2 张

财务主管：××　记账：　出纳：××　审核：××　制单：××

表 4-2

付款凭证

贷方科目：库存现金　　2012 年 10 月 18 日　　现付 字第 02 号

摘 要	借方科目		账页	金 额									
	总账科目	明细科目		千	百	十	万	千	百	十	元	角	分
购买办公用品	管理费用	办公费								8	0	0	0
合 计									¥	8	0	0	0

附单据 1 张

财务主管：××　记账：　出纳：××　审核：××　制单：××

（3）2012 年 10 月 31 日，计提生产车间固定资产折旧费 680 元。

要求：根据业务填制转账凭证（见表 4-3）。

表 4-3

转账凭证

2012 年 10 月 31 日　　转字第 53 号

摘 要	会计科目		账页	借方金额										贷方金额									
	总账科目	明细科目		千	百	十	万	千	百	十	元	角	分	千	百	十	万	千	百	十	元	角	分
计提折旧	制造费用	折旧费							6	8	0	0	0										
	累计折旧																		6	8	0	0	0
合 计								¥	6	8	0	0	0					¥	6	8	0	0	0

附单据 1 张

财务主管：××　记账：　审核：××　制单：××

（4）根据表 4-3 填制通用记账凭证（见表 4-4）。

表 4-4

记账凭证

2012 年 10 月 31 日　　　　　　记字第 82 号

摘要	会计科目		账页	借方金额										贷方金额									
	总账科目	明细科目		千	百	十	万	千	百	十	元	角	分	千	百	十	万	千	百	十	元	角	分
计提折旧	制造费用	折旧费							6	8	0	0	0										
	累计折旧																		6	8	0	0	0
合计								¥	6	8	0	0	0					¥	6	8	0	0	0

附单据 1 张

财务主管：××　　记账：　　审核：××　　制单：××

实训资料

正确解读以下原始凭证，并根据业务正确填制记账凭证。

（1）收款凭证的填制。

要求：根据表 4-5 填制表 4-6。

表 4-5

中国工商银行 进 账 单（收账通知）

2012 年 02 月 04 日　　　　豫 No. 00129588

出票人	全　称	中原市绿园商贸大厦	收款人	全　称	中原市威远有限责任公司
	账　号	2341 1002 0008 3293		账　号	6632 7785 6358 9720
	开户银行	中国工商银行中原市分行高新支行		开户银行	中国工商银行中原市分行阳光路支行

人民币（大写）贰万叁仟元整	千	百	十	万	千	百	十	元	角	分
			¥	2	3	0	0	0	0	0

票据种类	转账支票
票据张数	正联一张

复核：　　记账：

中国工商银行中原市分行 阳光路支行 2012年02月04日 转讫

收款人开户银行签章

此联是持票人开户银行交给持票人的收账通知

表 4-6

收款凭证

借方科目：　　　　年　月　日　　　　收 字第　　号

摘　要	贷方科目		账页	金　额									
	总账科目	明细科目		千	百	十	万	千	百	十	元	角	分
合　计													

附单据　张

财务主管：　　记账：　　出纳：　　审核：　　制单：

（2）付款凭证的填制。

要求：根据表 4-7 填制表 4-8。

表 4-7

存根：

中国工商银行现金支票存根

支票号码 00268121

附加信息

出票日期 2012 年 03 月 08 日

收款人：中原市威远有限责任公司

金　额：¥5 000.00

用　途：购买办公用品

单位主管　　会计

支票：

中国工商银行**现金支票**　（豫）支票号码 00268121

出票日期（大写）贰零壹贰年零叁月零捌日　付款行名称：中国工商银行中原市阳光路支行

收款人　中原市威远有限责任公司　　出款人账号：6632 7785 6358 9720

人民币（大写）	千	百	十	万	千	百	十	元	角	分
伍仟元整				¥	5	0	0	0	0	0

付款期限自出票之日起十天

用途　购买办公用品　　密码

本支票款项请从我账户内支付

中原市威远有限责任公司 财务章　　张浩印

出票人签章　　复核　　记账

表 4-8

付款凭证

贷方科目：　　　　　　　　　　年　　月　　日　　　　　　　　付字第　　号

摘　要	借方科目		账页	金额									
	总账科目	明细科目		千	百	十	万	千	百	十	元	角	分
合　计													

附单据　　张

财务主管：　　　　记账：　　　　出纳：　　　　审核：　　　　制单：

（3）转账凭证的填制。

要求：根据表 4-9 填制表 4-10。

表 4-9

公司领料单

领用单位：三车间

用　　途：生产甲产品　　　　　　　2012 年　4 月　15 日　　　　　编号：20120308

材料名称	规格型号	单位	数量		备注
			请领	实发	
甲材料		千克	400	500	
乙材料		千克	1 000	1 000	

仓库主管　××　　　　记账　　　　发料　××　　　　领料　××

（备注：根据财务部门账簿记录，甲材料、乙材料的单价分别为 8 元、18 元）。

表 4-10

转账凭证

年　　月　　日　　　　　　　　转字第　　号

摘　要	会计科目		账页	借方金额										贷方金额									
	总账科目	明细科目		千	百	十	万	千	百	十	元	角	分	千	百	十	万	千	百	十	元	角	分
合　计																							

附单据　　张

财务主管：　　　　记账：　　　　审核：　　　　制单：

（4）通用记账凭证的填制。

要求：根据表 4-9 填制表 4-11。

表 4-11

记账凭证

年　月　日　　　　转字第　号

摘　要	会计科目		账页	借方金额										贷方金额									
	总账科目	明细科目		千	百	十	万	千	百	十	元	角	分	千	百	十	万	千	百	十	元	角	分
合　计																							

附单据　张

财务主管：　记账：　出纳：　审核：　制单：

任务二　记账凭证的审核

实训目标

确保记账凭证准确无误，为登记账簿奠定基础。

实训指导

记账凭证审核内容主要包括以下六个方面。

1．内容是否真实

审核记账凭证记录的内容与所附原始凭证反映的内容是否相符，是否真实。

2．项目是否齐全

审核记账凭证中有关项目的填列是否齐全，有关人员的签章是否完备。

3．科目是否正确

审核记账凭证记录的经济业务应借、应贷科目是否正确，是否符合国家的统一规定，账户对应关系是否清楚。

4．金额是否正确

审核记账凭证记录的金额与原始凭证的有关金额是否一致，记入各个会计科目的金额是否正确，应借、应贷科目的金额是否相等。

5. 书写是否规范

审核记账凭证中的记录文字、数字是否工整、清晰，是否符合规范要求，错误是否已按规定进行更正。

6. 附件是否齐全

审核记账凭证所附的原始凭证张数是否齐全。

实训资料

要求：审核以下所给记账凭证并指出正确的处理方式（见表 4-12 和表 4-13）。

表 4-12

收款凭证

借方科目：银行存款　　2009 年 10 月 13 日　　银收字第 03 号

摘　要	贷方科目		账页	金　额									
	总账科目	明细科目		千	百	十	万	千	百	十	元	角	分
收回销货款	应付账款	华兴公司					3	0	0	0	0	0	0
合　计						¥	3	0	0	0	0	0	0

附单据一张

财务主管：××　　记账：　　出纳：××　　审核：××　　制单：××

表 4-13

付款凭证

贷方科目：银行存款　　2009 年 10 月 20 日　　银付字第 15 号

摘　要	借方科目		账页	金　额									
	总账科目	明细科目		千	百	十	万	千	百	十	元	角	分
支付广告费	销售费用						8	0	0	0	0	0	0
合　计							8	0	0	0	0	0	0

附单据一张

财务主管：××　　记账：　　出纳：××　　审核：××　　制单：××

任务三 记账凭证的整理装订

实训目标

能够正确整理和装订记账凭证，从而便于会计档案的保管和查阅。

实训指导

1．凭证的整理

会计凭证的整理，主要是对记账凭证所附的原始凭证进行整理。

会计实务中收到的原始凭证纸张往往大小不一，因此，需要按照记账凭证的大小进行折叠或粘贴。

（1）对面积大于记账凭证的原始凭证采用折叠的方法，按照记账凭证的面积尺寸，将原始凭证先自右向左，再自下向上两次折叠。折叠时应注意将凭证的左上角或左侧面空出，以便装订后展开查阅。

（2）对于纸张面积过小的原始凭证，则采用粘贴的方法，即按一定次序和类别将原始凭证粘贴在一张与记账凭证大小相同的白纸上。粘贴时要注意，应尽量将同类同金额的单据粘在一起；如果是板状票证，可以将票面票底轻轻撕开，厚纸板弃之不用；粘贴完成后，应在白纸一旁注明原始凭证的张数和合计金额。

（3）对于纸张面积略小于记账凭证的原始凭证，则可以用回形针或大头针别在记账凭证后面，待装订凭证时，抽去回形针或大头针。

（4）对于数量过多的原始凭证，如工资结算表、领料单等，可以单独装订保管，但应在封面上注明原始凭证的张数、金额，所属记账凭证的日期、编号、种类。封面应一式两份，一份作为原始凭证装订成册的封面，封面上注明“附件”字样；另一份附在记账凭证的后面，同时在记账凭证上注明“附件另订”，以备查考。

（5）各种经济合同、存出保证金收据及涉外文件等重要原始凭证，应另编目录，单独登记保管，并在有关的记账凭证和原始凭证上相互注明日期和编号。

2．凭证的装订

（1）凭证装订的要求。

① 科目汇总表的工作底稿也可以装订在内，作为科目汇总表的附件。使用计算机的企业，还应将转账凭证清单等装订在内。

② 会计凭证不得跨月装订。记账凭证少的，可以一个月装订一本；一个月内凭证数量较多的，可装订为若干册，并在凭证封面上注明本月总计册数和本册数。

③ 采用科目汇总表会计核算形式的企业，原则上以一张科目汇总表及所附的记账凭证、原始凭证装订成一册，凭证少的，也可将若干张科目汇总表及相关记账凭证、原始凭证合并装订成一册。序号每月一编。装订好的会计凭证厚度通常在 2.0 厘米至 3.0 厘米之间。

④ 装订成册的会计凭证必须加盖封面，封面上应注明单位名称、年度、月份、起讫日期、凭证种类和起讫号码，由装订人在装订线封签外签名或者盖章。

（2）凭证装订的步骤。

凭证装订的方法较多，常用的有左边装订线处装订法、左上角包角装订法等。其中，左上角包角装订法比较美观，这里介绍左上角包角装订法的步骤。

① 将凭证封面和封底裁开，分别附在凭证前面和后面。

② 另取一张凭证封面，一分四份，将其中的一个四分之一（另外的三份可以留作以后装订凭证使用）放在封面上角，与左上角对齐，做护角用。

③ 在凭证的左上角画一个边长为 5 厘米的等腰三角形，将凭证磕齐后用夹子夹住，用装订机在底线上均匀地打两个孔。

④ 用大针引线绳依次分别穿过两个孔。从凭证背面下针，从 A 点穿入向外走一圈后复入 A 点，再穿入 B 点，依旧是向外走一圈复穿入 B 点，然后将线从针眼中取出，一只手拽住 B 点的线，另一只手拽住 A 点的线，拉紧线绳然后在背面打结。

⑤ 将护角纸向左上侧折，并从其上侧和左侧剪开至凭证的左上角处，剩余部分向后折叠到凭证的背面，将背面的绳结包住，抹上胶水粘牢。

具体步骤如图 4-1 所示。

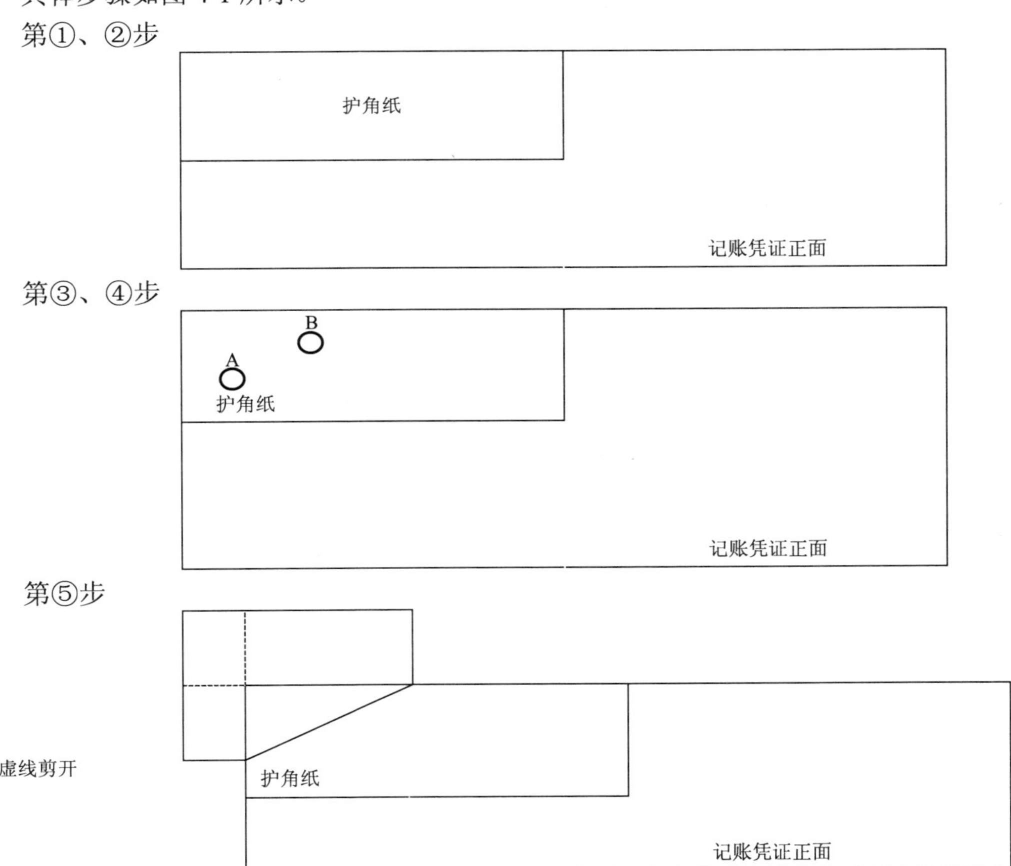

图 4-1

记账凭证背面

图 4-1 （续）

模块五

账簿的建立和登记

实训要求

设置和登记会计账簿是连接会计凭证和会计报表的中间环节。通过本模块实训，使学生能够从账簿的建立，账簿的登记，错账的更正，以及对账和结账几个方面全面理解和掌握设置和登记会计账簿的基本技能。

任务一 账簿的建立

实训目标

能够根据提供的资料，按照要求正确填写账簿启用登记表，建立企业年度账。

实训指导

新建单位和原有单位在年度开始均应建账。依法建立账簿，不仅是国家法律的强制要求，也是加强单位经营管理的客观需要，一般单位应建立总账、明细账、日记账及其他辅助性账簿。

建账的基本程序有如下几点。

（1）按照所需各种账簿的格式要求，预备各种账簿。日记账一般采用三栏式订本账。总账一般采用三栏式订本账或活页账。明细账账页有三栏式、数量金额式和多栏式等，一般采用活页账。

（2）在“账簿启用表”上，应写明单位名称、账簿名称、册数、编号、起止页数、启用日期，以及记账人员和会计主管人员姓名，并加盖名章和单位公章，粘贴印花税票。记账人员在本年度调动工作时，应注明交接日期、接办人员和监交人员姓名，并由交接双方签名或盖章，以明确经济责任。

（3）按照会计科目表的顺序，在总账账页上建立总账账户；根据明细核算的要求，在各种明细账页上建立明细账户。原有单位在年度开始建立各级账户的同时，应将上年账户余额结转过来，在第一行摘要栏注明“上年结转”字样（上年账户最后一行摘要栏注明“结转下年”字样）。

（4）记账人员在账簿中开设账页户头后，按顺序将每个账户的名称和页数在“账簿目录”进行登记，以便于查阅账簿内容。使用活页式账簿，启用时若无法确定页数，可先填好账户名称，待年终装订归档时再填写页数，并粘贴索引纸（账户标签），写明账户名称，以利检索。

实训资料

（1）2013 年 1 月 1 日中原市兴华有限公司开始建账，请填写总分类账的账簿启用表（见表 5-1）（相关信息：记账为李明；账簿编号 01；本账簿共计 100 页；第一册）。

（2）中原市鸿盛有限公司 2013 年 1 月 1 日“库存现金”的期初余额为 4 500 元，请建立 2013 年“库存现金”总账（见表 5-2）。

表 5-1

账簿启用表

单位名称		单位公章
账簿名称		
账簿编号	字第 号第 册共 册	
账簿页数	本账簿共计 页	
启用日期	年 月 日	

经管人员		接管			移交			会计负责人		印花税票粘贴处
姓名	盖章	年	月	日	年	月	日	姓名	签章	

表 5-2

总分类账

账户名称：

年		凭证		摘要	借方									贷方									借或贷	余额								
月	日	字	号		百	十	万	千	百	十	元	角	分	百	十	万	千	百	十	元	角	分		百	十	万	千	百	十	元	角	分

任务二 账簿的登记

实训 1 日记账的登记

实训目标

能够根据提供的收、付款凭证登记现金日记账和银行存款日记账。

实训指导

日记账是按照经济业务发生或完成的时间顺序逐笔进行登记的账簿，主要分为现金日记账和银行存款日记账两种。

1. 现金日记账

现金日记账是用来记录企业库存现金每天收入、支出和结存情况的账簿。由出纳人员按时间先后顺序逐日逐笔进行登记。作用是根据现金收款凭证和与现金有关的银行存款付款凭证（从银行提取现金的业务）登记现金收入；根据现金付款凭证登记现金支出；每日终了结出现金余额，与库存现金实存数进行核对，以检查账簿记录是否正确。

现金日记账的登记方法如下。

（1）日期栏：根据所依据的记账凭证日期登记。

（2）凭证栏：按照所依据的记账凭证种类和编号登记，若是现金收款凭证，则登记“现收”；若是现金付款凭证，则登记“现付”。另外，要将编号写在号数栏，以便查账和核对。

（3）摘要栏：按照所依据的记账凭证的摘要进行登记。

（4）对方科目栏：为了方便查看每笔现金业务的来源和去向，要按照记账凭证所列的对方科目进行登记。当对应科目有多个时，应填入主要对应科目，如销售产品收到现金，则对应科目有“主营业务收入”和“应交税费”，此时可在对应科目栏中填入“主营业务收入”，在借方金额栏中填入取得的现金总额，而不能将一笔现金增加业务拆分为两个对应科目金额填入两行。

（5）收入栏、支出栏：均按照所依据的记账凭证金额进行登记。现金日记账的具体登记方法见表5-3和表5-4。

表 5-3

现金日记账

13年		凭证		对方科目	摘要	收入									支出									余额								
月	日	字	号			百	十	万	千	百	十	元	角	分	百	十	万	千	百	十	元	角	分	百	十	万	千	百	十	元	角	分
4	30				本月合计																						2	0	0	0	0	0
5	4	现付	1	管理费用	购买办公用品														5	0	0	0	0				1	5	0	0	0	0
	4				本日合计														5	0	0	0	0				1	5	0	0	0	0
	6	现付	2	其他应收款	预借差旅费													1	2	0	0	0	0					3	0	0	0	0
					本日合计													1	2	0	0	0	0					3	0	0	0	0
	10	银付	5	银行存款	提现备用				3	0	0	0	0	0													3	3	0	0	0	0
	10	现付	3	销售费用	付产品的包装费														8	0	0	0	0				2	5	0	0	0	0
	10				过次页				3	0	0	0	0	0					8	0	0	0	0				2	5	0	0	0	0

表 5-4

现金日记账

13年		凭证		对方科目	摘要	收入									支出									余额								
月	日	字	号			百	十	万	千	百	十	元	角	分	百	十	万	千	百	十	元	角	分	百	十	万	千	百	十	元	角	分
5	10				承前页				3	0	0	0	0	0					8	0	0	0	0				2	5	0	0	0	0
	10	现付	4	营业外支出	支付违约金													1	2	0	0	0	0				1	3	0	0	0	0
	10	现收	1	其他业务收入	出售材料					9	8	0	0	0													2	2	8	0	0	0
	10				本日合计				3	9	8	0	0	0				2	0	0	0	0	0				2	2	3	0	0	0
				…	…																											
	31				本日合计					4	0	0	0	0													3	0	0	0	0	0
	31				本月合计				7	2	5	0	0	0				6	2	5	0	0	0				3	0	0	0	0	0

2. 银行存款日记账

银行存款日记账是用来记录银行存款每天的收入、支出和结余情况的账簿。由出纳员按时间先后顺序逐日逐笔进行登记。作用是根据银行存款、收款凭证和有关的现金付款凭证（库存现金存入银行的业务）登记银行存款的收入栏；根据银行存款付款凭证登记其支出栏；每日终了结出银行存款余额。

提示：银行存款日记账的登记方法和现金日记账基本相同，这里不再重复介绍。具体方法见表 5-5 和表 5-6。

表 5-5

银行存款日记账

13年		凭证		对方科目	摘要	收入									支出									余额								
月	日	字	号			百	十	万	千	百	十	元	角	分	百	十	万	千	百	十	元	角	分	百	十	万	千	百	十	元	角	分
4	30				本月合计																				2	8	0	0	0	0	0	0
5	3	银收	1	短期借款	取得借款		2	0	0	0	0	0	0	0											4	8	0	0	0	0	0	0
	5	银付	1	在途物资	购入材料												2	3	4	0	0	0	0		4	5	6	6	0	0	0	0
	5	银付	2	应付账款	偿还货款											1	8	5	0	0	0	0	0		2	7	1	6	0	0	0	0
	8	银付	3	库存现金	提取现金													5	0	0	0	0	0		2	6	6	6	0	0	0	0
	8				过次页													5	0	0	0	0	0		2	6	6	6	0	0	0	0

表 5-6

银行存款日记账

13年		凭证		对方科目	摘要	收入									支出									余额								
月	日	字	号			百	十	万	千	百	十	元	角	分	百	十	万	千	百	十	元	角	分	百	十	万	千	百	十	元	角	分
5	8				承前页													5	0	0	0	0	0		2	6	6	6	0	0	0	0
	8	银付	4	应交税费	缴纳税金												1	2	0	0	0	0	0		2	5	4	6	0	0	0	0
	8	银收	2	主营业务收入	销售产品			5	3	6	0	0	0	0											3	0	8	2	0	0	0	0
				…	…																											
	31				本月合计		3	5	6	9	0	0	0	0		4	3	4	9	0	0	0	0		2	0	2	0	0	0	0	0

实训资料

中原市兴华有限公司2013年2月根据所发生经济业务编制的记账凭证，见表5-7～表5-17（省略“附单据×张”）。

要求：根据收付款凭证登记现金日记账和银行存款日记账，见表5-18和表5-19。

表 5-7

付款凭证

贷方科目：银行存款　　　　2013年2月3日　　　　银付字第01　号

摘要	借方科目		账页	金额									
	总账科目	明细科目		千	百	十	万	千	百	十	元	角	分
提现备用	库存现金							2	0	0	0	0	0
合计							¥	2	0	0	0	0	0

财务主管：　　记账：　　出纳：××　　审核：××　　制单：××

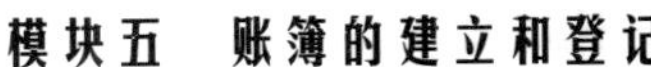

表 5-8

转账凭证

2013 年 2 月 5 日　　　　转字第 01 号

摘要	会计科目		账页	借方金额										贷方金额									
	总账科目	明细科目		千	百	十	万	千	百	十	元	角	分	千	百	十	万	千	百	十	元	角	分
销售产品	应收账款	智达公司					2	3	4	0	0	0	0										
	主营业务收入	A 产品															2	0	0	0	0	0	0
	应交税费	应交增值税（销项）																3	4	0	0	0	0
合　计						¥	2	3	4	0	0	0	0			¥	2	3	4	0	0	0	0

财务主管：　　　记账：　　　审核：××　　　制单：××

表 5-9

付款凭证

贷方科目：库存现金　　　2013 年 2 月 5 日　　　现付 字第 01 号

摘要	借方科目		账页	金额									
	总账科目	明细科目		千	百	十	万	千	百	十	元	角	分
预借差旅费	其他应收款	张亮						1	5	0	0	0	0
合　计							¥	1	5	0	0	0	0

财务主管：　　　记账：　　　出纳：××　　　审核：××　　　制单：××

表 5-10

收款凭证

借方科目：银行存款　　　2013 年 2 月 10 日　　　银收 字第 01 号

摘要	贷方科目		账页	金额									
	总账科目	明细科目		千	百	十	万	千	百	十	元	角	分
取得短期借款	短期借款					1	0	0	0	0	0	0	0
合　计					¥	1	0	0	0	0	0	0	0

财务主管：　　　记账：　　　出纳：××　　　审核：××　　　制单：××

表 5-11

付款凭证

贷方科目：银行存款　　　　2013 年 2 月 11 日　　　　银付 字第 02 号

摘 要	借方科目		账页	金 额									
	总账科目	明细科目		千	百	十	万	千	百	十	元	角	分
购买材料	原材料	甲材料					1	0	0	0	0	0	0
	应交税费	应交增值税（进项）						1	7	0	0	0	0
合 计						¥	1	1	7	0	0	0	0

财务主管：　　记账：　　出纳：××　　审核：××　　制单：××

（注：所购甲材料重 100 千克，单价 100 元）

表 5-12

转账凭证

2013 年 2 月 13 日　　　　转字第 02 号

摘 要	会计科目		账页	借方金额										贷方金额									
	总账科目	明细科目		千	百	十	万	千	百	十	元	角	分	千	百	十	万	千	百	十	元	角	分
报销差旅费	管理费用	差旅费						1	5	0	0	0	0										
	其他应收款	张亮																1	5	0	0	0	0
合 计							¥	1	5	0	0	0	0				¥	1	5	0	0	0	0

财务主管：　　记账：　　审核：××　　制单：××

表 5-13

付款凭证

贷方科目：库存现金　　　　2013 年 2 月 15 日　　　　现付 字第 02 号

摘 要	借方科目		账页	金 额									
	总账科目	明细科目		千	百	十	万	千	百	十	元	角	分
购买办公用品	管理费用	办公费							4	0	0	0	0
合 计								¥	4	0	0	0	0

财务主管：　　记账：　　出纳：××　　审核：××　　制单：××

表 5-14

收款凭证

借方科目：银行存款　　　　2013 年 2 月 16　日　　　　银收　字第 02　号

摘　要	贷方科目		账页	金　额									
	总账科目	明细科目		千	百	十	万	千	百	十	元	角	分
收回销货款	应收账款	智达公司					2	3	4	0	0	0	0
合　计						¥	2	3	4	0	0	0	0

财务主管：　　　记账：　　　出纳：××　　　审核：××　　　制单：××

表 5-15

付款凭证

贷方科目：银行存款　　　　2013 年 2 月 18　日　　　　银付　字第 03　号

摘　要	借方科目		账页	金　额									
	总账科目	明细科目		千	百	十	万	千	百	十	元	角	分
购买材料	原材料	甲材料					3	3	0	0	0	0	0
	应交税费	应交增值税（进项）						5	6	1	0	0	0
合　计						¥	3	8	6	1	0	0	0

财务主管：　　　记账：　　　出纳：××　　　审核：××　　　制单：××

（注：所购甲材料重 300 千克，单价 110 元。）

表 5-16

付款凭证

贷方科目：库存现金　　　　2013 年 2 月 20 日　　　　现付　字第 03　号

摘　要	借方科目		账页	金　额									
	总账科目	明细科目		千	百	十	万	千	百	十	元	角	分
支付招待餐费	管理费用	招待费							6	9	0	0	0
合　计								¥	6	9	0	0	0

财务主管：　　　记账：　　　出纳：××　　　审核：××　　　制单：××

表 5-17

转账凭证

2013 年 2 月 28 日　　　　转字第 03 号

摘　要	会计科目		账页	借方金额										贷方金额									
	总账科目	明细科目		千	百	十	万	千	百	十	元	角	分	千	百	十	万	千	百	十	元	角	分
领用材料	生产成本	A 产品					2	1	5	0	0	0	0										
	制造费用							5	3	7	5	0	0										
	管理费用	维修费						5	3	7	5	0	0										
	原材料	甲材料															3	2	2	5	0	0	0
合　计						¥	3	2	2	5	0	0	0			¥	3	2	2	5	0	0	0

财务主管：　　　　记账：　　　　审核：××　　　　制单：××

（注：生产车间为生产产品领用甲材料 200 千克，一般性耗用 50 千克，行政管理部门维修领用 50 千克，材料发出按月末加权平均法计价。）

表 5-18

现金日记账

13 年		凭　证		对方科目	摘　要	收　入									支　出									余　额								
月	日	字	号			百	十	万	千	百	十	元	角	分	百	十	万	千	百	十	元	角	分	百	十	万	千	百	十	元	角	分
2	1				期初余额																						1	0	0	0	0	0

表 5-19

银行存款日记账

13 年		凭　证		对方科目	摘　要	收　入									支　出									余　额								
月	日	字	号			百	十	万	千	百	十	元	角	分	百	十	万	千	百	十	元	角	分	百	十	万	千	百	十	元	角	分
2	1				期初余额																					5	0	0	0	0	0	0

实训 2　总分类账的登记

实训目标

能够根据提供的收、付、转记账凭证登记总分类账。

实训指导

账簿登记的规则和方法如下。

（1）必须根据审核无误的会计凭证登记各类账簿。

（2）登记账簿时，应将日期、凭证字号、业务摘要和金额等资料填写完整。

（3）账簿中书写的文字和数字上面要留有适当空格，不要写满格，一般应占格距的二分之一。

（4）登记账簿要使用蓝黑墨水或者碳素墨水笔书写，不得使用圆珠笔或者铅笔。下列情况可以用红色墨水记账。

① 按照红字冲账的记账凭证，冲销错误记录。

② 在不设借贷等栏的多栏式账页中，登记减少数。

③ 在三栏式账户的余额栏前，如未印明余额方向时，在余额栏内登记负数余额。

④ 根据国家统一会计制度的规定可以用红字登记的其他会计记录。

（5）各种账簿按页次顺序连续登记，不得跳行、隔页。如果发生跳行、隔页，则应将空行、空页划线注销，或者注明“此行空白”、“此页空白”字样，并由记账人员签名或者盖章。

（6）期末结出余额后，应在“借或贷”等栏内写明“借”或“贷”等字样。对于没有余额的账户，应在“借或贷”栏内写“平”字，并在余额栏内用“0”表示。

总分类账是按每一个总分类科目开设账页，进行分类登记的账簿。它能够总括地反映各会计要素具体内容的增减变动情况和变动结果。由于企业所采用的账务处理程序的不同，总分类账的登记方法也不同，既可以根据记账凭证逐笔登记，也可以先将记账凭证汇总编制为科目汇总表或汇总记账凭证，再据此登记总分类账。在此主要练习在记账凭证账务处理程序下总账的登记。

实训资料

中原市兴华有限公司2013年2月根据所发生经济业务编制的记账凭证见表5-7～表5-17。

要求：根据记账凭证登记其他应收款总分类账户和应交税费总分类账户，见表 5-20 和表 5-21。

表 5-20

总分类账

账户名称：其他应收款

13年		凭证		摘要	借方									贷方									借或贷	余额								
月	日	字	号		百	十	万	千	百	十	元	角	分	百	十	万	千	百	十	元	角	分		百	十	万	千	百	十	元	角	分
2	1			期初余额																			借				2	2	0	0	0	0

表 5-21

总分类账

账户名称：应交税费

13年		凭证		摘要	借方									贷方									借或贷	余额								
月	日	字	号		百	十	万	千	百	十	元	角	分	百	十	万	千	百	十	元	角	分		百	十	万	千	百	十	元	角	分
2	1			期初余额																			贷				2	4	0	0	0	0

实训3　明细分类账的登记

实训目标

能够根据提供的收、付、转记账凭证登记各种明细分类账。

实训指导

企业明细分类账根据其经营管理的要求及所记载经济业务内容的不同，采用不同的格式。

1．三栏式明细分类账

三栏式明细分类账是在账页内只设“借方”、“贷方”、“余额”三个金额栏的明细账。

它适用于只要求提供价值指标的账户，如应收账款、应付账款和实收资本等账户的明细分类账。

2．多栏式明细分类账

多栏式明细分类账是根据经营管理的需要和经济业务的特点，在借方栏或贷方栏下设置多个栏目用于记录某一会计科目所属的各明细项目的内容。一般适用于成本、费用类的明细账，如管理费用、生产成本、制造费用、营业外收入和利润分配等账户的明细分类账。

3．数量金额式明细分类账

数量金额式明细分类账是在账页的“借方”、“贷方”、“余额”各栏中再分别设置“数量”、“单价”、“金额”栏目的明细账。它适用于既要提供价值指标又要提供数量指标的账户，如原材料、库存商品等账户的明细分类账。

4．横线登记式明细分类账

横线登记式明细分类账是将每一相关业务登记在一行，从而可依据每一行各个栏目的登记是否齐全来判断该项业务的进展情况。此明细分类账适用于登记材料采购业务、应收票据业务等。

实训资料

中原市兴华有限公司2013年2月根据发生的经济业务编制的记账凭证见表5-7～表5-17。

要求：根据记账凭证登记应收账款明细分类账（见表5-22）、原材料（甲材料）明细分类账（见表5-23）和管理费用明细分类账（见表5-24）。

表5-22

应收账款明细分类账

二级明细科目：智达公司

年		凭证		摘要	借方									贷方									借或贷	余额								
月	日	字	号		百	十	万	千	百	十	元	角	分	百	十	万	千	百	十	元	角	分		百	十	万	千	百	十	元	角	分
2	1			期初余额																			借			8	4	0	0	0	0	0

表 5-23

原材料明细分类账

材料名称：甲材料　　规格：略　　存放地点：　　计量单位：千克

年		凭证号	摘要	收入											发出											结存										
月	日			数量	单价	金额									数量	单价	金额									数量	单价	金额								
						百	十	万	千	百	十	元	角	分			百	十	万	千	百	十	元	角	分			百	十	万	千	百	十	元	角	分

表 5-24

管理费用明细分类账

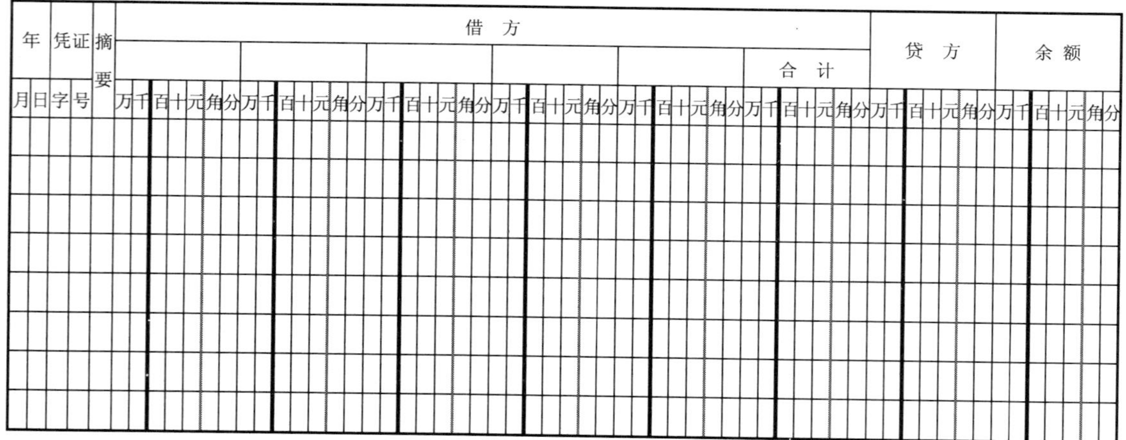

年		凭证		摘要	借方																																										贷方							余额						
月	日	字	号																																					合计																				
					万	千	百	十	元	角	分	万	千	百	十	元	角	分	万	千	百	十	元	角	分	万	千	百	十	元	角	分	万	千	百	十	元	角	分	万	千	百	十	元	角	分	万	千	百	十	元	角	分	万	千	百	十	元	角	分

任务三　错账的更正

实训目标

能够根据资料分析错账类型，正确使用错账更正方法进行错账的更正。

实训指导

如果发现账簿记录有错误，则应按照规定的方法进行更正，不得涂改、挖补或用化学试

剂消除字迹。错账的更正方法有以下三种。

1. 划线更正法

如果发现账簿记录有错误，而其所依据的记账凭证没有错误，即纯属记账时文字或数字的笔误，则应采用划线更正的方法进行更正。更正的方法如下。

（1）在错误的文字或数字上划一条红色横线注销，但必须使原有字迹仍可辨认。对于文字错误，可只划去错误的文字并进行更正；对于数字错误，必须全部划去。

（2）在划线的上方用蓝字或黑字填写正确的文字或数字，并由更正人员在更正处盖章，以明确责任。

2. 红字更正法

红字更正法又称为红字冲销法。记账以后发现记账凭证中的应借、应贷的会计科目或记账方向有错误，或发现记账凭证中应借、应贷的会计科目和记账方向都没有错误，只是所记金额大于应记的金额，应采用红字更正法，包括红字全部冲销法和红字差额冲销法。红字全部冲销法的更正步骤如下。

（1）首先使用红字金额填制一张与原错误记账凭证内容完全相同的记账凭证，在“摘要”栏内注明“冲销×月×日第×号凭证错误”并据以用红字登记入账。

（2）再使用蓝字填制一张正确的记账凭证，在摘要栏内注明“更正×月×日第×号凭证”并据以登记入账。

当记账凭证中应借、应贷的会计科目和记账方向无误，只是多记金额时，可采用红字差额冲销法，即用红字按多记的金额填制一张与原错误记账凭证内容相同的记账凭证，在“摘要”栏内注明“冲销×月×日第×号凭证多记金额”，并据以登记入账，以冲销多记金额。

3. 补充登记法

若记账以后，发现记账凭证中应借、应贷的会计科目和记账方向都没有错误，只是所记金额小于应记的正确金额，应采用补充登记法。更正的方法是将少记的金额用蓝字填制一张与原错误记账凭证所记载的内容相同的记账凭证，在摘要栏内注明“补充登记×月×日第×号凭证少记金额”并据以登记入账，以补记少记金额。

实训资料

（1）中原市兴华有限公司 2013 年 2 月 15 日签发转账支票一张，用于支付前欠友昌公司货款 34 500 元。

要求：2013 年 2 月 26 日查找出错误，并使用正确的方法进行更正。该公司会计所填制的记账凭证见表 5-25，相关账簿记录见表 5-26 和表 5-27，更正用凭证见表 5-28（银付 18 号）和表 5-29，更正使用另一账页见表 5-30。

表 5-25

付款凭证

贷方科目：银行存款　　2013 年 2 月 15 日　　银付字第 01 号

摘　　要	借方科目		账页	金　额									
	总账科目	明细科目		千	百	十	万	千	百	十	元	角	分
支付欠款	应收账款	友昌公司					3	4	5	0	0	0	0
合　　计						¥	3	4	5	0	0	0	0

财务主管：××　　记账：××　　出纳：××　　审核：××　　制单：××

表 5-26

银行存款日记账

13 年		凭　证		对方科目	摘　要	收　入									支　出									余　额								
月	日	字	号			百	十	万	千	百	十	元	角	分	百	十	万	千	百	十	元	角	分	百	十	万	千	百	十	元	角	分
2	1				期初余额																				1	4	0	0	0	0	0	0
2	15	银付	01	应收账款	支付欠款												3	4	5	0	0	0	0		1	0	5	5	0	0	0	0

表 5-27

应收账款明细分类账

二级科目名称：友昌公司

13 年		凭证		摘　要	借　方									贷　方									借或贷	余　额								
月	日	字	号		百	十	万	千	百	十	元	角	分	百	十	万	千	百	十	元	角	分		百	十	万	千	百	十	元	角	分
2	1			期初余额																			借				3	6	0	0	0	0
2	15	银付	01	支付欠款			3	4	5	0	0	0	0																			

表 5-28

付款凭证

贷方科目：　　　　　　　　　　年　月　日　　　　　　　　　　字第　号

摘　要	借方科目		账 页	金　额									
	总账科目	明细科目		千	百	十	万	千	百	十	元	角	分
合　计													

财务主管：　　　记账：　　　出纳：　　　审核：　　　制单：

表 5-29

付款凭证

贷方科目：　　　　　　　　　　年　月　日　　　　　　　　　　字第　号

摘　要	借方科目		账 页	金　额									
	总账科目	明细科目		千	百	十	万	千	百	十	元	角	分
合　计													

财务主管：　　　记账：　　　出纳：　　　审核：　　　制单：

表 5-30

应付账款明细分类账

二级科目名称：友昌公司

13 年		凭证		摘　要	借　方									贷　方									借或贷	余　额								
月	日	字	号		百	十	万	千	百	十	元	角	分	百	十	万	千	百	十	元	角	分		百	十	万	千	百	十	元	角	分
2	1			期初余额																			贷			5	0	0	0	0	0	0

（2）中原市兴华有限公司 2013 年 3 月 10 日完工入库 A 产品一批，成本 76 020 元，该公司会计所填制记账凭证见表 5-31，账簿记录见表 5-32 和表 5-33。

要求：2013 年 3 月 16 日代其查找出错误，并用正确的方法进行更正。更正用凭证见表 5-34（转字 21 号）。

表 5-31

转账凭证

2013 年 3 月 10 日　　　　转字第 16 号

摘　要	会计科目		账页	借方金额										贷方金额									
	总账科目	明细科目		千	百	十	万	千	百	十	元	角	分	千	百	十	万	千	百	十	元	角	分
产品完工入库	库存商品	A 产品					7	2	0	6	0	0	0										
	生产成本	A 产品															7	2	0	6	0	0	0
合　计						¥	7	2	0	6	0	0	0			¥	7	2	0	6	0	0	0

财务主管：××　　记账：××　　审核：××　　制单：××

表 5-32

总分类账

账户名称：库存商品

13 年		凭证		摘　要	借　方									贷　方									借或贷	余　额								
月	日	字	号		百	十	万	千	百	十	元	角	分	百	十	万	千	百	十	元	角	分		百	十	万	千	百	十	元	角	分
3	1			期初余额																			借			6	4	0	0	0	0	0
3	10	转	16	产品完工入库			7	2	0	6	0	0	0																			

表 5-33

总分类账

账户名称：生产成本

13 年		凭证		摘　要	借　方									贷　方									借或贷	余　额								
月	日	字	号		百	十	万	千	百	十	元	角	分	百	十	万	千	百	十	元	角	分		百	十	万	千	百	十	元	角	分
3	10	转	16	产品完工入库												7	2	0	6	0	0	0										

表 5-34

转账凭证

年 月 日 字第 号

摘 要	会计科目		账页	借方金额										贷方金额									
	总账科目	明细科目		千	百	十	万	千	百	十	元	角	分	千	百	十	万	千	百	十	元	角	分
合 计																							

财务主管： 记账： 审核： 制单：

（3）中原市兴华有限公司 2013 年 3 月 20 日取得生产周转用借款 68 000 元，存入该企业存款账户，该公司会计所填制记账凭证见表 5-35，相关账簿记录见表 5-36 和表 5-37。

要求：2013 年 3 月 30 日代其查找出错误，并用正确的方法进行更正。

表 5-35

收款凭证

借方科目：银行存款 2013 年 3 月 20 日 银收 字第 23 号

摘 要	贷方科目		账页	金 额									
	总账科目	明细科目		千	百	十	万	千	百	十	元	角	分
取得短期借款	短期借款						6	8	0	0	0	0	0
合 计						¥	6	8	0	0	0	0	0

财务主管：×× 记账：×× 出纳：×× 审核：×× 制单：××

表 5-36

总分类账

账户名称：短期借款

13 年		凭证		摘 要	借 方									贷 方									借或贷	余 额								
月	日	字	号		百	十	万	千	百	十	元	角	分	百	十	万	千	百	十	元	角	分		百	十	万	千	百	十	元	角	分
3	20	银收	23	取得短期借款												8	6	0	0	0	0	0										

表 5-37

银行存款日记账

13年		凭证		对方科目	摘要	收入									支出									余额								
月	日	字	号			百	十	万	千	百	十	元	角	分	百	十	万	千	百	十	元	角	分	百	十	万	千	百	十	元	角	分
3	15				承前页																				2	0	0	0	0	0	0	0
3	20	银收	23	短期借款	取得借款			8	6	0	0	0	0	0											2	8	6	0	0	0	0	0

（4）中原市兴华有限公司 2013 年 4 月 17 日用银行存款缴纳税收滞纳金 908.5 元，该公司会计所填制记账凭证见表 5-38，相关账簿记录见表 5-39 和表 5-40。

要求：2013 年 4 月 30 日代其查找出错误，并用正确的方法进行更正。更正用凭证见表 5-41（银付字 30 号）。

表 5-38

付款凭证

贷方科目：银行存款　　　　2013 年 4 月 17 日　　　　银付 字第 19 号

摘要	借方科目		账页	金额									
	总账科目	明细科目		千	百	十	万	千	百	十	元	角	分
支付税收滞纳金	营业外支出								9	8	0	5	0
合计								¥	9	8	0	5	0

财务主管：××　　记账：××　　出纳：××　　审核：××　　制单：××

表 5-39

总分类账

账户名称：营业外支出

13年		凭证		摘要	借方									贷方									借或贷	余额								
	日	字	号		百	十	万	千	百	十	元	角	分	百	十	万	千	百	十	元	角	分		百	十	万	千	百	十	元	角	分
	17	银付	19	付税收滞纳金					9	8	0	5	0																			

表 5-40

银行存款日记账

13年		凭证		对方科目	摘要	收入									支出									余额								
月	日	字	号			百	十	万	千	百	十	元	角	分	百	十	万	千	百	十	元	角	分	百	十	万	千	百	十	元	角	分
4	16				承前页																				1	6	9	0	0	0	0	0
4	17	银付	19	营业外支出	付滞纳金														9	8	0	5	0		1	6	8	0	1	9	5	0

表 5-41

付款凭证

贷方科目：　　　　　　　　年　月　日　　　　　　　　字第　　号

摘要	借方科目		账页	金额									
	总账科目	明细科目		千	百	十	万	千	百	十	元	角	分
合计													

财务主管：　　　记账：　　　出纳：　　　审核：　　　制单：

任务四　对账与结账

实训 1　对账

实训目标

掌握对账的内容和方法，能够根据会计资料按照正确的方法进行账账核对（能够编制总分类账与明细分类账发生额及余额表）和账实核对（能够编制银行存款余额调节表）。

实训指导

对账就是核对账目，是指在会计核算中，为保证账簿记录正确可靠，对账簿中的有关数据进行检查和核对的工作。单位应当定期将会计账簿记录的有关数字与库存实物、货币资金、往来单位或个人等进行相互核对，保证账证相符、账账相符、账实相符。对账的主要内容包括如下内容。

（1）账证核对：根据各种账簿记录与记账凭证及其所附的原始凭证进行核对。核对会计账簿记录与原始凭证、记账凭证的时间、凭证字号、内容、金额是否一致，记账方向是否相符。

（2）账账核对：对各种账簿之间的有关数字进行核对，核对不同会计账簿记录是否相符。核对内容包括总账各账户借贷方金额核对；总账与明细账核对（通过编制总分类账与明细分类账发生额及余额表进行）；总账与日记账核对；会计部门的财产物资明细账与财产物资保管和使用部门的有关明细账核对等。

（3）账实核对：各种财产物资的账面余额与实存数额相互核对；核对会计账簿记录与财产等实有数额是否相符。核对内容包括现金日记账账面余额与现金实际库存数核对；银行存款日记账账面余额与银行对账单核对（通过编制银行存款余额调节表进行）；各种财产物资明细账账面余额与财产物资实存数额核对；各种应收、应付款明细账账面余额与有关债务、债权单位或者个人核对等。

注意：银行存款日记账与银行对账单的核对方法。

企业银行存款的核对是采用与银行核对账目（即核对银行对账单）的方法进行的。在实际工作中，银行对账单和企业银行存款日记账的余额往往不相符，造成两者不相符的原因主要有两方面。一是企业和银行一方或双方存在记账错误，对这种情况应查明原因进行调账更正。二是存在未达账项，所谓未达账项就是指企业和银行之间由于结算凭证传递时间不一致，产生的一方已经入账，另一方由于尚未接到有关凭证而未入账的账项，对这种情况不需要调整账簿记录，但需要编制银行存款余额调节表调节相符。（注意：上期未达账项若在本期到账，对账时应注意勾对。）

实训资料

（1）中原市兴华有限公司 2013 年 3 月 1 日至 3 月 31 日银行存款日记账记录和银行对账单记录分别见表 5-42 和表 5-43。

要求：对公司银行存款进行核对，并编制银行存款余额调节表，见表 5-44。

表 5-42

银行存款日记账

13年		凭证		对方科目	摘要	收入									支出									余额								
月	日	字	号			百	十	万	千	百	十	元	角	分	百	十	万	千	百	十	元	角	分	百	十	万	千	百	十	元	角	分
3	20				承前页																				1	6	0	0	0	0	0	0
3	21	银付	18	原材料	购入甲材料												2	3	4	0	0	0	0		1	3	6	6	0	0	0	0
3	25	银付	19	库存现金	提现备用													2	0	0	0	0	0		1	3	4	6	0	0	0	0
3	26	银收	14	应收账款	收回货款			5	8	5	0	0	0	0											1	9	3	1	0	0	0	0
3	27	银收	15	主营业务收入	销售商品		1	8	8	0	0	0	0	0											3	8	1	1	0	0	0	0
3	30	银付	20	营业费用	支付广告费													5	0	0	0	0	0		3	7	6	1	0	0	0	0
3	31	银付	21	管理费用	支付电话费													1	0	6	0	0	0		3	7	5	0	4	0	0	0
3	31	银付	22	预付账款	预付货款											1	2	0	0	0	0	0	0		2	5	5	0	4	0	0	0

表 5-43

银行对账单

单位名称：中原市兴华有限公司　　　　　　　　　　　　2013 年 3 月 31 日

2013 年		结算凭证		摘　要	借方	贷方	余额
月	日	种类	号数				
3	20			承前页			160 000
3	22	转支	1133	付购货款	23 400		136 600
3	25	现支	0932	提取现金	2 000		134 600
3	27	转支	1134	付水电费	5 600		129 000
3	28	本票	3089	收到货款		58 500	187 500
3	29	委收	1206	收到欠款		9 800	197 300
3	30	转支	1135	付广告费	5 000		192 300
3	31	特转	0465	贷款利息	1 000		191 300

表 5-44

银行存款余额调节表

年　月　日

摘　要	金　额										摘　要	金　额									
	千	百	十	万	千	百	十	元	角	分		千	百	十	万	千	百	十	元	角	分
《银行存款日记账》余额											《银行对账单》余额										
加：银行已收，企业未收											加：企业已收，银行未收										
1、											1、										
2、											2、										
3、											3、										
减：银行已付，企业未付											减：企业已付，银行未付										
1、											1、										
2、											2、										
3、											3、										
调节后余额											调节后余额										

（2）中原市华泰有限公司 2013 年 3 月月末编制的银行存款余额调节表见表 5-45，2013 年 4 月 1 日至 4 月 30 日银行存款日记账记录和银行对账单记录分别见表 5-46 和表 5-47。

要求：对公司银行存款进行核对，并编制 2013 年 4 月份银行存款余额调节表，见表 5-48。

表 5-45

银行存款余额调节表

2013 年　3 月　31　日

摘　要	金　额										摘　要	金　额									
	千	百	十	万	千	百	十	元	角	分		千	百	十	万	千	百	十	元	角	分
《银行存款日记账》余额				8	3	6	0	0	0	0	《银行对账单》余额				8	7	6	0	0	0	0
加：银行已收，企业未收					2	4	0	0	0	0	加：企业已收，银行未收										
1、					2	4	0	0	0	0	1、										
2、											2、										
减：银行已付，企业未付											减：企业已付，银行未付					1	6	0	0	0	0
1、											1、					1	6	0	0	0	0
2、											2、										
调节后余额				8	6	0	0	0	0	0	调节后余额				8	6	0	0	0	0	0

表 5-46

银行存款日记账

13 年		凭　证		对方科目	摘　要	收　入									支　出									余　额								
月	日	字	号			百	十	万	千	百	十	元	角	分	百	十	万	千	百	十	元	角	分	百	十	万	千	百	十	元	角	分
3	31				本月合计																					8	3	6	0	0	0	0
4	4	银付	1	应付账款	偿还欠款												1	8	7	0	0	0	0			6	4	9	0	0	0	0
	7	银收	1	应收账款	收回货款				2	4	0	0	0	0												6	7	3	0	0	0	0
	10	银收	2	主营业务收入	出售产品			3	5	1	0	0	0	0											1	0	2	4	0	0	0	0
	14	银付	2	应交税费	上交税金													8	0	0	0	0	0			9	4	4	0	0	0	0
	16	银收	3	其他业务收入	销售材料			2	6	8	0	0	0	0											1	2	1	2	0	0	0	0
	22	银付	3	销售费用	支付展览费													5	0	0	0	0	0		1	1	6	2	0	0	0	0
	25	银付	4	在途物资	购买材料												1	2	9	0	0	0	0		1	0	3	3	0	0	0	0

表 5-47

银行对账单

单位名称：中原市华泰有限公司　　　　2013 年 4 月 30 日

2013 年		结算凭证		摘　要	借方	贷方	余额
月	日	种类	号数				
4	1			期初余额			87 600
4	2	转支	3023	偿还货款	1 600		86 000
4	8	现支	0752	支付货款	18 700		67 300
4	12	转支	3024	销售产品		35 100	102 400
4	18	电付	2546	上交税金	8 000		94 400
4	25	委收	7709	销售材料		26 800	121 200
4	28	转支	2300	付保险费	12 000		109 200
4	30	电收	0034	收回欠款		14 000	123 200

表 5-48

银行存款余额调节表

年　月　日

摘　要	金　额										摘　要	金　额									
	千	百	十	万	千	百	十	元	角	分		千	百	十	万	千	百	十	元	角	分
《银行存款日记账》余额											《银行对账单》余额										
加：银行已收，企业未收											加：企业已收，银行未收										
1、											1、										
2、											2、										
3、											3、										
减：银行已付，企业未付											减：企业已付，银行未付										
1、											1、										
2、											2、										
3、											3、										
调节后余额											调节后余额										

（3）中原市兴华有限公司 2013 年 3 月应付账款总分类账户及明细分类账户见表 5-49～表 5-51。

要求：据此编制总分类账与明细分类账发生额及余额对照表，见表 5-52。

表 5-49

总分类账

账户名称：应付账款

2013年		凭证		摘要	借方									贷方									借或贷	余额								
月	日	字	号		百	十	万	千	百	十	元	角	分	百	十	万	千	百	十	元	角	分		百	十	万	千	百	十	元	角	分
3	1			期初余额																			贷		1	8	0	0	0	0	0	0
3	8	转	5	购料欠款											1	0	0	0	0	0	0	0	贷		2	8	0	0	0	0	0	0
3	12	银付	4	偿还欠款		1	2	5	0	0	0	0	0										贷		1	5	5	0	0	0	0	0
3	20	银付	12	偿还货款			7	0	0	0	0	0	0										贷			8	5	0	0	0	0	0
3	26	转	18	购料欠款												4	2	0	0	0	0	0	贷		1	2	7	0	0	0	0	0
3	29	银付	19	偿还欠款			5	0	0	0	0	0	0										贷			7	7	0	0	0	0	0

表 5-50

应付账款明细分类账

明细科目：A 公司

2013年		凭证		摘要	借方									贷方									借或贷	余额								
月	日	字	号		百	十	万	千	百	十	元	角	分	百	十	万	千	百	十	元	角	分		百	十	万	千	百	十	元	角	分
3	1			期初余额																			贷		1	0	0	0	0	0	0	0
3	8	转	5	购料欠款											1	0	0	0	0	0	0	0	贷		2	0	0	0	0	0	0	0
3	12	银付	4	偿还欠款		1	2	5	0	0	0	0	0										贷			7	5	0	0	0	0	0

表 5-51

应付账款明细分类账

明细科目：B 公司

2013年		凭证		摘要	借方									贷方									借或贷	余额								
月	日	字	号		百	十	万	千	百	十	元	角	分	百	十	万	千	百	十	元	角	分		百	十	万	千	百	十	元	角	分
3	1			期初余额																			贷			8	0	0	0	0	0	0
3	20	银付	12	偿还货款			7	0	0	0	0	0	0										贷			1	0	0	0	0	0	0
3	26	转	18	购料欠款												4	2	0	0	0	0	0	贷			5	2	0	0	0	0	0
3	29	银付	19	偿还欠款			5	0	0	0	0	0	0										贷				2	0	0	0	0	0

表 5-52

应付账款总账与其明细分类账户发生额及余额对照表

明细账户名称	期初余额		本期发生额		期末余额	
	借方	贷方	借方	贷方	借方	贷方
合计						

实训 2　结账

实训目标

能够按照期末结账的基本要求和正确的操作方法，办理总账、日记账和明细账月末结账手续。

实训指导

结账，就是在将一定时期内所发生的经济业务全部登记入账的基础上，计算并记录各个账户的本期发生额合计和期末余额，并结转下期或下年度账簿的一种方法。

结账按时间分主要有月结、季结和年结三种方法。

1．月结

办理月结时，应在各账户最后一笔记录下面划一道通栏单红线表示本月业务结束。在红线下结算出本月发生额及月末余额。如无余额，则应在“借”或“贷”栏内注明“平”字并在“余额”栏内填“0”，同时在“摘要”栏内标明“本月合计”或“本月发生额及余额”字样，然后在下面再划一通栏单红线，表示完成月结工作。

2．季结

通常在每季度最后一个月月结的下一行，在“摘要”栏内注明“本季合计”或“本季度发生额及余额”，同时结出借、贷方发生总额及季末余额。然后在这一行下面划一条通栏单红线，表示季结的结束。

3．年结

在第四季度季结的下一行，在“摘要”栏注明“本年合计”或“本年发生额及余额”，同时结出借、贷方发生额及期末余额。然后在这一行下面划上通栏双红线，以示封账。

年度结转后，要将各账户的余额结转到下一会计年度，并在“摘要”栏注明“结转下年”字样；在下一会计年度新建有关会计账簿的第一条“余额”栏内填写上年结转的余额，并在

“摘要”栏注明“上年结转”字样。

对结账程序的规定，在实际工作中需要注意以下两点。

（1）需要结计本月发生额的某些账户，如果本月只发生一笔经济业务，则由于这笔记录的金额就是本月发生额，因此在结账时，只要在此行记录下划一条单红线，表示与下月的发生额分开就可以了，不需要另结出“本月合计”。

（2）需要结计本年累计发生额的某些明细账户，在每月结账时，应在“本月合计”行下结出自年初起至本月末止的累计发生额，并登记在月份发生额下面，在摘要栏内注明“本年累计”字样，同时在下面再划一条单红线。

实训资料

对中原市兴华有限公司 2013 年 2 月有关总账账户、明细账账户和日记账账户进行月末结账（见表 5-18～表 5-24）。

模块六

会计报表的编制

实训要求

编制会计报表是会计核算体系中的一项重要内容。通过本模块实训，使学生在理论学习的基础上，熟练掌握会计报表的编制方法。

任务一　资产负债表的编制

实训要求

通过实训练习，使学生可以利用账簿资料熟练编制资产负债表。

实训指导

（1）资产负债表是反映企业在某一特定日期（月末、季末、半年末、年末）的财务状况的财务报表，是一张静态报表。资产负债表是根据“资产=负债+所有者权益”的会计等式为理论依据编制的。

（2）资产负债表的编制方法。

资产负债表中“年初余额”栏内的各项数字，应该根据上年末资产负债表中“期末余额”栏内所列数字填列。

资产负债表中“期末余额”栏内的各项数字，应该根据相关会计账簿记录的期末余额填列。

① 直接填列法：直接根据有关总账科目的期末余额填列资产负债表相关项目的期末数。在资产负债表中，大多数项目都可以直接根据总账的期末余额进行填列。

② 总账余额加计填列法：根据有关总账科目的期末余额进行相加合计之后填列资产负债表有关项目的期末数。

③ 总账余额减计填列法：根据有关总账科目的期末余额减去其备抵账户后的净额填列资产负债表相关项目的期末数。

④ 明细账户余额计算填列法：根据相关的若干个明细分类账户期末余额分析计算填列资产负债表相关项目的期末数。

⑤ 总账账户和明细账账户余额计算填列法：根据总账账户与明细分类账户的关系分析计算后填列资产负债表相关项目的期末数。

⑥ 综合填列法：综合应用以上五种方法分析计算填列资产负债表中相关项目的期末数。

实训资料

（1）中原市爱华公司 2012 年 9 月月末各账户期末余额如下（见表 6-1）。

表 6-1

总账科目	明细账	借　方	贷　方	总账科目	明细账	借　方	贷　方
库存现金		500		短期借款			10 000
银行存款		32 500		应付账款	D 公司		15 000
交易性金融资产		10 000			E 公司	5 000	
应收账款	A 公司	27 700		预收账款	F 公司		4 300
	B 公司		4 700	应付票据	G 公司		1 800
预付账款	C 公司	5 000		应付职工薪酬			3 200

续表

总账科目	明细账	借　方	贷　方	总账科目	明细账	借　方	贷　方
其他应收款	张明	2 300		应交税费			15 600
原材料		10 000		长期借款			10 000
周转材料		3 000		实收资本			105 000
库存商品		25 000		本年利润			64 000
长期股权投资		10 000		盈余公积			5 000
固定资产		70 000		利润分配		43 000	
累计折旧			17 400				
无形资产		12 000					

根据上述资料编制中原市爱华公司2012年9月30日的资产负债表（见表6-2）。

表6-2

资产负债表

单位名称：　　　　　　　　年　　月　　日　　　　　　　　单位：元

资　　产	期末余额	年初余额	负债和股东权益	期末余额	年初余额
流动资产：			流动负债：		
货币资金			短期借款		
交易性金融资产			交品性金融负债		
应收票据			应付票据		
应收账款			应付账款		
预付款项			预收款项		
应收利息			应付职工薪酬		
应收股利			应交税费		
其他应收款			应付利息		
存货			应付股利		
一年内到期的非流动资产			其他应付款		
其他流动资产			一年内到期的非流动动负债		
流动资产合计			其他流动负债		
非流动资产：			流动负债合计		
可供出售金融资产			非流动负债：		
持有至到期投资			长期借款		
长期应收款			应付债券		
长期股权投资			长期应付款		
投资性房地产			专项应付款		
固定资产			预计负债		
在建工程			递延所得税负债		
工程物资			其他非流动负债		
固定资产清理			非流动负债合计		

续表

资　　产	期末余额	年初余额	负债和股东权益	期末余额	年初余额
生产性生物资产			负债合计		
油气资产			股东权益：		
无形资产			实收资本（或股本）		
开发支出			资本公积		
商誉			减：库存股		
长期待摊费用			盈余公积		
递延所得税资产			未分配利润		
其他非流动资产			股东权益合计		
非流动资产合计					
资产总计			负债和股东权益总计		

企业负责人：　　　　　　　　会计主管：　　　　　　　　制表人：

（2）中原市明华公司2012年9月30日有关科目余额见表6-3。

表6-3

2012年9月30日　　　　单位：元

总　　账	明　细　账	借方余额	总　　账	明　细　账	贷方余额
应收账款	A公司	40 000	应付账款	丙公司	60 000
	B公司	-8 000		丁公司	-10 000
	C公司	20 000		戊公司	20 000
预付账款	甲公司	20 000	预收账款	D公司	24 000
	乙公司	-1 000		E公司	-9 000
其他应收款	张三	3 000	其他应付款	代扣款	28 000
	李四	5 000			
	王五	-2 000			

（3）要求：根据上述有关明细分类账户余额资料，计算下列项目金额。

① 资产负债表上的“应收账款”项目=____________________

② 资金负债表上的“预收账款”项目=____________________

③ 资金负债表上的“应付账款”项目=____________________

④ 资金负债表上的“预付账款”项目=____________________

⑤ 资金负债表上的“其他应付款”项目=____________________

⑥ 资金负债表上的“其他应收款”项目=____________________

任务二　利润表的编制

实训目标

通过实训练习，使学生可以利用账簿资料熟练编制利润表。

实训指导

（1）利润表是反映企业在某一会计期间（月度、年度）经营成果的报表，又称为“损益表”，是一张动态报表。利润表是根据“收入-费用=利润”的会计等式为理论依据编制的。

（2）利润表的编制方法。

利润表中“本期金额”栏的填列方法。“本期金额”栏反映的是各个项目的实际发生数额，可根据损益类账户的本期发生额分析填列。

利润表中“上期金额”栏的填列方法。“上期金额”栏的内容可根据上年该期利润表中“本期金额”栏的数字进行填列。

实训资料

（1）中原市爱华公司 2012 年 10 月 31 日结账前损益类账户发生额资料见表 6-4。

表 6-4

会计科目	借方发生额合计	贷方发生额合计
主营业务收入		135 000
主营业务成本	75 000	
其他业务收入		5 000
其他业务成本	3 000	
营业税金及附加	6 700	
销售费用	1 700	
管理费用	10 600	
财务费用	3 000	
营业外收入		6 000
营业外支出	2 400	
所得税费用	10 900	

根据上述资料，正确编制中原市爱华公司 2012 年 10 月的利润表（见表 6-5）。

表 6-5

利润表

编制单位：　　　　　　　　　　年　　　月　　　　　　　　　　单位：元

项　　目	行　　次	本 月 数	本年累计数
一、营业收入	1		
减：营业成本	2		
营业税金及附加	3		
销售费用	4		
管理费用	5		
财务费用	6		

续表

项　目	行　次	本 月 数	本年累计数
加：投资净收益（亏损以"-"填列）	7		
二、营业利润（亏损以"-"号填列）	8		
加：营业外收入	9		
减：营业外支出	10		
三、利润总额（亏损总额以"-"号填列）	11		
减：所得税费用	12		
四、净利润（净亏损以"-"号填列）	13		

企业负责人：　　　　会计主管：　　　　制表人：

（2）中原市明华公司2012年 1～10月份各损益类账户发生额见表6-6（所得税率为25%）。

表6-6

账户名称	1～9月份发生额	10月份发生额
主营业务收入	15 950 000	1 800 000
其他业务收入	351 000	39 000
投资收益	30 000	2 000
营业外收入	35 000	4 000
主营业务成本	13 550 000	1 510 000
销售费用	340 000	38 000
营业税金及附加	185 000	20 000
其他业务成本	195 000	25 000
管理费用	201 000	22 000
财务费用	75 000	8 000
营业外支出	38 000	4 000

根据上述资料，编制中原市明华公司2012年10月的利润表（见表6-7）。

表6-7

利润表

编制单位：　　　　年　　月　　　　单位：元

项　目	行　次	本月数	本年累计数
一、营业收入	1		
减：营业成本	2		
营业税金及附加	3		
销售费用	4		
管理费用	5		
财务费用	6		
加：投资净收益（亏损以"-"填列）	7		

续表

项　　目	行　次	本月数	本年累计数
二、营业利润（亏损以“-”号填列）	8		
加：营业外收入	9		
减：营业外支出	10		
三、利润总额（亏损总额以“-”号填列）	11		
减：所得税费用	12		
四、净利润（净亏损以“-”号填列）	13		

企业负责人：　　　　会计主管：　　　　制表人：

模块七

纳税申报

实训要求

通过本模块实训，使学生对税法知识有一个全面的理解和掌握，将税法理论与实际应用结合起来，提高解决实际问题的能力。

任务一　一般纳税人增值税的纳税申报

实训目标

掌握一般纳税人增值税的计算，纳税申报流程和纳税申报表的填制。

实训指导

1. 纳税申报的期限

纳税人以一个月为一期纳税的，自期满之日起十日内申报纳税；以一日、三日、五日、十日或者十五日为一期纳税的，自期满之日起五日内预缴税款，于次月一日起十日内申报纳税并结清上月应纳税款。申报纳税期限最后一日是法定休假日的，以休假日期满的次日为申报期限的最后一日，在申报纳税期限内有连续三日以上法定休假日的，按休假日天数顺延。纳税人进口货物，应自海关填发税款缴纳凭证的次日起七日内申报缴纳税款。

2. 办理发票认证

增值税一般纳税人本期申报抵扣的增值税专用发票和货物运输发票必须首先进行认证。纳税人可以持增值税专用发票和货物动输发票的抵扣联在办税服务厅认证窗口认证，或进行远程认证（注：网上认证等）。具体要求如下。

（1）防伪税控系统开具的增值税专用发票和货物运输发票，必须自该专用发票开具之日起 90 日内到税务机关认证。

（2）纳税人当月申报抵扣的专用发票抵扣联，应在申报所属期内完成认证。

（3）一般纳税人取得的专用发票抵扣联，海关进口增值税专用缴款书和货物运输发票要在交叉稽核比对无误后，方可予以抵扣。

3. 填写纳税申报表

纳税人可到办税服务大厅纳税申报窗口请购，或到国税局网站下载、打印整套《增值税纳税申报表（适用于增值税一般纳税人）》，依填报说明，填写一式两份纸质报表或在税务局网站上直接填写申报表。

4. 办理纳税申报

纳税人填写好《增值税纳税申报表（适用于增值税一般纳税人）》和相关资料后，到办税服务厅纳税窗口进行纳税申报，或通过网络远程申报。

纳税人到办税服务厅纳税窗口进行纳税申报须持的相关资料包括如下内容。

（1）必报资料。

① 《增值税纳税申报表（适用于增值税一般纳税人）》及其《增值税纳税申报表附列资料（表一）、（表二）》。

② 增值税一般纳税人须按税务局的要求，编制《增值税专用发票存根联明细表》及《增值税专用发票抵扣联明细表》。

③ 《资产负债表》和《利润表》。

④ 纳税申报实行电子信息采集，增值税一般纳税人除向税务局报送纸质资料外，还应报送上述必报资料的电子数据。

⑤ 税务局规定的其他必报资料。

（2）备查资料。

① 已开具的增值税专用发票和普通发票存根联。

② 符合抵扣条件并且在本期申报抵扣的增值税专用发票抵扣联。

③ 海关进口货物完税凭证、运输发票、购进农产品普通发票及购进废旧物资普通发票的复印件。

④ 收购凭证的存根联或报查联。

⑤ 代扣代缴税款凭证存根联。

⑥ 税务局规定的其他备查资料。

税务局有权确定增值税一般纳税人是否需要在当期报送备查资料。

5. 缴纳税款

由出纳员到银行缴纳税款或由银行直接划拨缴入国库。

实训资料

公司名称：中原市宏达科技有限责任公司

法人代表：李明

注册资金：100 万元

经营地址：中原市文化路 79 号

企业性质：工业企业

纳税人识别号：370201850676679

开户银行：中国工商银行中原市分行文化路支行

账号：6638 7745 8926 7868

电话：63575006

中原市宏达科技有限责任公司为增值税一般纳税人，适用税率为 17%，2012 年 9 月发生如下业务。

（1）销售甲产品给某大型商场，收取货款，开具增值税专用发票，取得不含税销售额 800 000 元。

（2）销售乙产品，收取货款，开具普通发票，取得含税销售额 292 500 元。

（3）将一批试制的新产品用于本企业在建工程，成本价为 100 000 元，成本利润率 10%，该新产品无同类产品市场销售价格。

（4）购进农产品一批，买价 500 000 元，支付运输单位运费 50 000 元，取得运输部门的运输发票。

（5）购进原材料取得增值税专用发票，发票注明价款 800 000 元，进项税额 136 000 元，另支付运输费用 6 000 元，取得运输公司开具的运输发票。

要求：计算应缴纳增值税额，并填写“增值税纳税申报表”（见表 7-1）（增值税纳税申报表附列资料略）。

表 7-1

增值税纳税申报表

（适用于增值税一般纳税人）

根据《中华人民共和国增值税暂行条例》第二十二条和第二十三条的规定制定本表。纳税人不论有无销售额，均应按主管税务机关的纳税期限按期填报本表，并于次月一日起十日内，向当地税务机关申报。

税款所属时间：自　　年　　月　　日至　　年　　月　　日　　填表日期：　　年　　月　　日　　金额单位：元至角分

纳税人识别号				所属行业	
纳税人名称	（公章）	法定代表人姓名		注册地址		营业地址	
开户银行及账号		企业登记注册类型		电话号码	

项目		栏次	一般货物及劳务		即征即退货物及劳务	
			本月数	本年累计	本月数	本年累计
销售额	（一）按适用税率征税货物及劳务销售额	1				
	其中：应税货物销售额	2				
	应税劳务销售额	3				
	纳税检查调整的销售额	4				
	（二）按简易征收办法征税货物销售额	5				
	其中：纳税检查调整的销售额	6				
	（三）免、抵、退办法出口货物销售额	7			—	—
	（四）免税货物及劳务销售额	8			—	—
	其中：免税货物销售额	9			—	—
	免税劳务销售额	10			—	—
税额计算	销项税额	11				
	进项税额	12				

续表

税额计算	上期留抵税额	13		——		——
	进项税额转出	14				
	免抵退货物应退税额	15			——	——
	按适用税率计算的纳税检查应补缴税额	16			——	——
	应抵扣税额合计	17＝12+13–14–15+16		——		——
	实际抵扣税额	18（如 17<11，则为 17，否则为 11）				
	应纳税额	19＝11–18				
	期末留抵税额	20＝17–18		——		——
	简易征收办法计算的应纳税额	21				
	按简易征收办法计算的纳税检查应补缴税额	22			——	——
	应纳税额减征额	23				
	应纳税额合计	24＝19+21–23				
税款缴纳	期初未缴税额（多缴为负数）	25				
	实收出口开具专用缴款书退税额	26			——	——
	本期已缴税项	27＝28+29+30+31				
	① 分次预缴税额	28		——		——
	② 出口开具专用缴款书缴税额	29		——	——	——
	③ 本期缴纳上期应纳税额	30				
	④ 本期缴纳欠缴税额	31				
	期末未缴税额（多缴未负数）	32＝24+25+26–27				

续表

<table>
<tr><td rowspan="6">税款缴纳</td><td>其中：欠税税额（≥0）</td><td>33＝25+26−27</td><td></td><td>—</td><td></td><td>—</td></tr>
<tr><td>本期应补（退）税额</td><td>34＝24−28−29</td><td></td><td>—</td><td></td><td>—</td></tr>
<tr><td>即征即退实际退税额</td><td>35</td><td>—</td><td>—</td><td></td><td></td></tr>
<tr><td>期初未缴查补税额</td><td>36</td><td></td><td></td><td>—</td><td>—</td></tr>
<tr><td>本期入库查补税额</td><td>37</td><td></td><td></td><td>—</td><td>—</td></tr>
<tr><td>期末未缴查补税额</td><td>38＝16+22+36−37</td><td></td><td></td><td>—</td><td>—</td></tr>
<tr><td>授权声明</td><td colspan="2">如果你已授权委托代理人申报，请填写下列资料：
为代理一切税务事宜，现授权
（地址）　　　　　　为本纳税人的代理人，任何与本
申报表有关的往来文件，都可寄予此人。
授权人签名：</td><td>申报人声明</td><td colspan="3">此纳税申报表是根据《中华人民共和国增值税暂行条例》的规定填
报的，我相信它是真实的、可靠的、完整的。
声明人签字：</td></tr>
</table>

以下由税务机关填写：

收到日期：　　　　接收人　　　　主管税务机关盖章：

任务二　小规模纳税人增值税的纳税申报

实训目标

掌握小规模纳税人增值税的计算，纳税申报流程和纳税申报表的填制。

实训指导

小规模纳税人计税方法较为简单，纳税申报也相对容易。小规模纳税人应首先于每月1—15 日向主管税务机关进行纳税申报，并提交小规模纳税人纳税申报表及相关资料和财务报表，然后通过网络传输给税务机关（或自行去税务大厅申报），最后由出纳人员到银行缴纳税款或由银行直接划拨缴入国库。

实训资料

企业名称：中原市万方超市有限责任公司
注册资料：50 万元
法人代表：张楠
经营地址：中原市南阳路 5 号
纳税人识别号：370505600987526
开户银行：中国建设银行中原市分行南阳路支行
账号：3256 0848 6276 7856
电话：63750199

中原市万方超市有限责任公司为增值税小规模纳税人，2012 年 5 月发生如下业务。

（1）将购进的服装一批销售给一家商店，取得含税销售额 5 000 元，已由税务所代开了增值税专用发票。

（2）购进洗衣粉，支付价款 12 000 元，当月销售给消费者洗衣粉，取得含税销售收入 3 000 元，利用税控器具开具普通发票。

（3）销售办公用品一批，取得不含税销售额 6 800 元，利用税控器具开具普通发票。

要求：计算该超市 2012 年 5 月应纳增值税额，并填写“增值税纳税申报表”（见表 7-2）。

表 7-2

增值税纳税申报表

（适用于小规模纳税人）

根据《中华人民共和国增值税暂行条例》第二十二条及第二十三条的规定：纳税人不论有无销售额，均应按主管税务机关核定的纳税期限按期填报本表，并于次月一日起十五日内，向当地税务机关申报。

纳税人识别号																					增值税纳税类型: 所属行业:

电脑编码：

纳税人名称（公章）：　　　　　　　　　　填表日期：　年　月　日

税款所属期：　　年　月　日 至　　年　月　日　　　　金额单位：元（列至角分）

续表

	项目	税目、征收率	栏次	本期数	本年累计
一、计税依据	（一）应征增值税货物及劳务不含税销售额		1		
	其中：税务机关代开的增值税专用发票不含税销售额		2		
	税控器具开具的普通发票不含税销售额		3		
	（二）销售使用过的应税固定资产不含税销售额		4		
	其中：税控器具开具的普通发票不含税销售额		5		
	（三）免税货物及劳务销售额		6		
	其中：税控器具开具的普通发票销售额		7		
	（四）出口免税货物销售额		8		
	其中：税控器具开具的普通发票销售额		9		
二、税款计算	本期应纳税额		10		
	本期应纳税额减征额		11		
	应纳税额合计		12=10–11		
	本期预缴税额		13		
	本期应补（退）税额		14=12–13		

纳税人或代理人声明：	如纳税人填报，由纳税人填写以下各栏：
	办税人员（签章）： 财务负责人（签章）：
	法定代表人（签章）： 联系电话：
此纳税申报表是根据国家税收法律的规定填报的，我确定它是真实的、可靠的、完整的。	如委托代理人填报，由代理人填写以下各栏：
	代理人名称： 经办人（签章）： 联系电话：
	代理人（公章）：

受理人： 受理日期： 年 月 日 受理税务机关（签章）：

本表一式三份，一份纳税人留存，一份主管税务机关留存，一份征收部门留存

任务三 营业税的纳税申报

实训目标

掌握营业税的计算，纳税申报流程和纳税申报表的填制。

实训指导

1. 纳税申报的期限

纳税人以一个月为一期纳税的，自期满之日起十日内申报纳税；金融业（不包括典当业、保险业）的纳税期限为一个季度。纳税人应自期满之日起十日内申报纳税。

2. 填写纳税申报表

上网进行营业税纳税申报，提交本月应申报税种，并填制“营业税纳税申报表”。

3．办理纳税申报所需资料

（1）纳税申报表。

（2）按照本纳税人发生营业税应税行为所属的税目，分别填报相应税目的营业税纳税申报表。同时发生两种或两种以上税目应税行为的，应同时填报相应的纳税申报表。

（3）资产负债表、利润表。

（4）税务局规定的其他资料和证件。

实训资料

公司名称：滨海市万达运输有限责任公司

公司法人：王强

注册资本：300 万元

公司性质：私营企业

公司地址：滨海市经济开发区东明路 38 号

纳税人识别号：520111063897986

开户银行：中国银行滨海市分行保税区支行

银行账号：6221 8455 0032 2408

滨海市万达运输有限责任公司于 2012 年 10 月份发生运输业务，共收取款项 240 万元，款项已存入银行，要求：对该公司 10 月份的经济业务进行纳税申报，并填写“营业税纳税申报表”（见表 7-3）。

任务四　消费税的纳税申报

实训目标

掌握消费税的计算，纳税申报流程和纳税申报表的填制。

实训指导

1．纳税申报的期限

纳税人以一个月为一期纳税的，自期满之日起十日内申报纳税；以一日、三日、五日、十日或者十五日为一期纳税的，自期满之日起五日内预缴税额，于次月一日起十日内申报纳税并结清上月应纳税额；纳税人进口货物，应自海关填发税款缴纳凭证的次日起七日内申报缴纳税款。

2．填写申报表

纳税人按所属类型到办税服务厅申报纳税窗口领取相应的消费税纳税申报表及附表两份，或到国税局网站下载、打印。消费税纳税申报表及附表按纳税人类型有以下几种。

（1）烟类应税消费品申报领取《烟类应税消费品消费税纳税申报表》及附表。

（2）酒及酒精类应税消费品申报领取《酒及酒精消费税纳税申报表》及附表。

（3）成品油类应税消费品申报领取《成品油消费税纳税申报表》及附表。

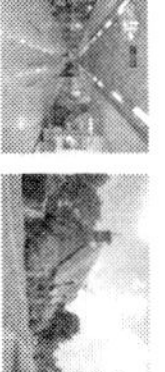

表 7-3

营业税纳税申报表

（适用于查账征收的营业税纳税人）

纳税人识别号：

纳税人名称（公章） 税款所属时间：自 年 月 日至 年 月 日 填表日期： 年 月 日 金额单位：元（列至角分）

税目	行次	营业额								税率%	本期税款计算			税款缴纳								
		应税收入	前期多缴项目营业额				应税减除项目金额	应税营业额	免税收入		小计	本期应纳税额	免（减）税额	期初欠缴税额	前期多缴税额	本期已缴税额				本期应缴税额计算		
			小计	营业额冲减	事后审批减免	其他										小计	已缴本期应纳税额	本期已被扣缴税额	本期已缴欠缴税额	小计	本期期末应缴税额	本期期末应缴欠缴税额
		1	2=3+4+5	3	4	5	6	7=1−6	8	9	10=11+12	11=7×9	12=8×9	13	14=2×9	15=16+17+18	16	17	18	19=20+21	20=11−14−1−16−17	21=13−18
交通运输业	1																					
建筑业	2																					
邮电通讯业	3																					
服务业	4																					
娱乐业 5%税率	5																					
娱乐业 10%税率	6																					
娱乐业 20%税率	7																					
金融保险业	8																					
文化体育业	9																					
销售不动产	10																					
转让无形资产	11																					
	12																					
	13																					
合　计	14																					
代扣代缴项目	15																					
代扣代缴项目	16																					
总　计	17																					

纳税人或代理人声明： 此纳税申报表是根据国家税收法律的规定填报的，我确定它是真实的、可靠的、完整的。	如纳税人填报，由纳税人填写以下各栏： 办税人员（签章）： 财务负责人（签章）： 法定代表人（签章）： 联系电话： 如委托代理人填报，由代理人填写以下各栏： 代理人名称： 经办人（签章）： 联系电话： 代理人（公章）：

以下由税务机关填写：

受理人： 受理日期： 年 月 日 受理税务机关（签章）

本表为 A3 横式一式三份，一份纳税人留存，一份主管税务机关留存，一份征收部门留存。

（4）小汽车类应税消费品申报领取《小汽车消费税纳税申报表》及附表。

（5）其他应税消费品申报领取《其他应税消费品消费税纳税申报表》及附表。

3．办理申报所需资料

纳税人持填写好的消费税纳税申报表、附表和其他资料到办税服务厅申报纳税窗口进行申报，或通过网络远程报送创建的电子申报表。纳税人到办税服务厅申报纳税窗口申报还需报送如下资料。

（1）外购应税消费品连续生产应税消费品的，需提供外购应税消费品增值税专用发票（抵扣联）原件和复印件。如果外购应税消费品的增值税专用发票属于汇总填开的，除应提供增值税专用发票（抵扣联）原件和复印件外，还应提供随同增值税专用发票取得的由销售方开具并加盖财务专用章或发票专用章的销货清单原件和复印件。

（2）委托加工收回应税消费品连续生产应税消费品的，应提供“代扣代收税款凭证”原件和复印件。

（3）进口应税消费品连续生产应税消费品的，应提供“海关进口消费税专用缴款书”原件和复印件。

（4）扣缴义务人必须报送《消费税代扣代缴税款报告表》。

（5）抵减进口葡萄酒消费税退税纳税人还需报送《海关进口消费税专用缴款书》复印件。

（6）享受免征石脑油消费税的生产企业还需报送《石脑油使用管理证明单》。

（7）税务机关要求报送的其他资料。

通过网络远程申报的还需在规定的时限内向主管税务局办税服务大厅打印、报送在网络申报提交成功的纸质整套申报表和申报资料。

4．缴纳税款

经税务机关审核，对于纳税人提供的资料完整，填写内容准确，各项手续齐全，无违章问题，符合条件的资料，当场办结，并在《消费税纳税申报表》上签章，返还一份给纳税人。当期申报有税款的，纳税人需缴纳税款，税务机关确认税款缴纳后开具完税凭证予以办理。

实训资料

中原市兴业烟卷厂为增值税一般纳税人，2012 年 11 月发生如下经济业务。

（1）2012 年 11 月 6 日，购入烟叶一批，专用发票注明价款 20 万元，增值税 3.4 万元，烟叶已验收入库。

（2）2012 年 11 月 12 日，销售卷烟 500 标准箱，每条价格 80 元。

（3）2012 年 11 月 22 日，将本厂生产的卷烟 10 标准箱发给本厂职工，成本价 82 000 元。

要求：计算中原市兴业卷烟厂当月应缴纳消费税额并填写“消费税纳税申报表”（见表 7-4）。

表 7-4

消费税纳税申报表

税款所属期：　年　月　日至　　年　月　日

纳税人名称（公章）：　纳税人识别号：□□□□□□□□□□□□□□□□□□□□

填表日期：　年　月　日　　金额单位：元（列至角分）

<table>
<tr><td>项目
应税
消费品名称</td><td>适用税率</td><td>销售数量</td><td>销售额</td><td>应纳税额</td></tr>
<tr><td></td><td></td><td></td><td></td><td></td></tr>
<tr><td></td><td></td><td></td><td></td><td></td></tr>
<tr><td></td><td></td><td></td><td></td><td></td></tr>
<tr><td></td><td></td><td></td><td></td><td></td></tr>
<tr><td>合计</td><td>——</td><td>——</td><td>——</td><td></td></tr>
<tr><td colspan="3"></td><td colspan="2" rowspan="5">声明
此纳税申报表是根据国家税收法律的规定填报的，我确定它是真实的、可靠的、完整的。
经办人（签章）：
财务负责人（签章）：
联系电话：</td></tr>
<tr><td colspan="3">本期准予抵减税额：</td></tr>
<tr><td colspan="3">本期减（免）税额：</td></tr>
<tr><td colspan="3">期初未缴税额：</td></tr>
<tr><td colspan="3">本期缴纳前期应纳税额：</td></tr>
<tr><td colspan="3">本期预缴税额：</td><td colspan="2" rowspan="4">（如果你已委托代理人申报，请填写）
授权声明
为代理一切税务事宜，现授权____________
_______（地址）______________________为本纳税人的代理申报人，任何与本申报表有关的往来文件，都可寄予此人。
授权人签章：</td></tr>
<tr><td colspan="3">本期应补（退）税额：</td></tr>
<tr><td colspan="3">期末未缴税额：</td></tr>
</table>

以下由税务机关填写

受理人（签章）：　　受理日期：　年　月　日　受理税务机关（章）

任务五　企业所得税的纳税申报

实训目标

掌握企业所得税的计算、纳税申报流程和纳税申报表的填制。

实训指导

1．纳税期限

企业所得税纳税人应在月份或季度终了十五日内申报预缴，年度终了四十五日内进行年度申报（汇总纳税成员企业和单位在季度终了十五日内或年度终了四十五日内向所在地税务机关报送申报表），年度终了四个月汇算清缴。纳税人未按规定的期限办理纳税申报，或扣

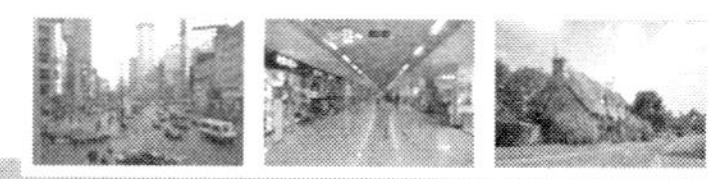

缴义务人未按规定的期限报送代扣代缴、代收代缴报告表的，国税机关除责令限期改正外，还可处以一定数额的罚金。

2．申报时必须持下列资料

（1）季度预缴。

① 所得税申报表；② 财务会计报表及说明资料。

（2）年度汇缴。

① 所得税申报表；② 所得税申报表附表；③ 财务会计报表及说明资料；④ 其他资料。

3．企业所得税纳税申报办理程序

（1）在规定的时间按照规定计算应纳税款，填写《企业所得税纳税申报表》，到税局申报税款。

（2）税局接收资料并审核。

（3）税局处理申报结果，录入数据，开具缴款书。

（4）纳税人持缴款书到银行缴款。

（5）将存根联送回税局核销税款。

实训资料

企业名称：滨海市海蓝皮具有限责任公司

注册资金：300万元

法人代表：张晓

经营地址：滨海市城北区顺河路80号

企业性质：工业企业

纳税人识别号：740289605587637

该公司2012年度生产经营情况如下：（1）销售收入5 600万元；（2）销售成本3 700万元，增值税800万元，销售税金及附加100万元；（3）销售费用800万元，其中含广告费500万元；（4）管理费用500元，其中含业务招待费80万元；（5）财务费用100万元；（6）营业外支出50万元（其中含向税务局支付税款滞纳金2万元）。

要求：计算该公司2012年度应缴纳的企业所得税，并填写“所得税纳税申请表”（见表7-5）。

表 7-5

中华人民共和国企业所得税年度纳税申报表（A 类）

（一般工商企业、金融企业）

税款所属期间：　　年　月　日至　　年　月　日

纳税人名称：

纳税人识别号：□□□□□□□□□□□□□□□□□□□□　　金额单位：元（列至角分）

类别	行次	项　目	金　额
利润总额计算	1	一、营业收入（填附表一）	
	2	减：营业成本（填附表二）	
	3	营业税金及附加	
	4	销售费用（填附表二）	
	5	管理费用（填附表二）	
	6	财务费用（填附表二）	
	7	资产减值损失	
	8	加：公允价值变动收益	
	9	投资收益	
	10	二、营业利润	
	11	加：营业外收入（填附表一）	
	12	减：营业外支出（填附表二）	
	13	三、利润总额（10＋11－12）	
应纳税所得额计算	14	加：纳税调整增加额（填附表三）	
	15	减：纳税调整减少额（填附表三）	
	16	其中：不征税收入	
	17	免税收入	
	18	减计收入	
	19	减、免税项目所得	
	20	加计扣除	
	21	抵扣应纳税所得额	
	22	加：境外应税所得弥补境内亏损	
	23	纳税调整后所得（13＋14－15＋22）	
	24	减：弥补以前年度亏损（填附表四）	
	25	应纳税所得额（23－24）	
应纳税额计算	26	税率（25%）	
	27	应纳所得税额（25×26）	
	28	减：减免所得税额（填附表五）	
	29	减：抵免所得税额（填附表五）	
	30	应纳税额（27－28－29）	
	31	加：境外所得应纳所得税额（填附表六）	
	32	减：境外所得抵免所得税额（填附表六）	
	33	实际应纳所得税额（30＋31－32）	
	34	减：本年累计实际已预缴的所得税额	
	35	其中：汇总纳税的总机构分摊预缴的税额	
	36	汇总纳税的总机构财政调库预缴的税额	
	37	汇总纳税的总机构所属分支机构分摊的预缴税额	
	38	合并纳税（母子体制）成员企业就地预缴比例	
	39	合并纳税企业就地预缴的所得税额	
	40	本年应补（退）的所得税额（33－34）	
附列资料	41	以前年度多缴的所得税额在本年抵减额	
	42	上年度应缴未缴在本年入库所得税额	

纳税人公章： 经办人： 申报日期：　　年　月　日	代理申报中介机构公章： 经办人及执业证件号码： 代理申报日期：　　年　月　日	主管税务机关受理专用章： 受理人： 受理日期：　　年　月　日

模块八

综合实训

实训要求

通过本模块实训，使学生全面、综合、系统地掌握会计专业技能知识。

实训目标

通过模拟工业制造企业一个月的经济业务，要求根据原始凭证填制记账凭证，根据记账凭证及相关原始凭证登记账簿，编制资产负债表和利润表。

（1）通过模拟实训，使学生初步掌握生产企业进行会计核算的工作程序和方法，掌握生产企业日常经济业务的账务处理。具体包括，根据原始凭证正确解读生产企业发生的经济业务；审核原始凭证；正确填制和审核记账凭证；登记现金日记账、银行存款日记账、各总分类账和明细分类账；编制科目汇总表；对账和结账；编制资产负债表和利润表；整理装订会计凭证。

（2）在实训过程中，将具体实训内容和学生所学的基本理论知识结合起来。通过边实训，边学习，边思考的过程，加深学生对所学会计基本理论知识的理解，并弥补课本理论知识的不足，加深对所学专业的认识，为今后进一步学习会计专业知识，并为将来能够更好地适应实际会计工作奠定坚实的基础。

（3）通过模拟实训，初步培养作为一名合格会计人员应具备的各种工作作风和业务素质。包括，坚持原则，实事求是，严格按照财务制度和财经法规正确处理每笔经济业务；认真仔细，一丝不苟，踏踏实实地做好每一项工作；刻苦钻研，勇于思考，不断提高知识水平和业务能力等。

实训指导

1. 实训要求

（1）以模拟生产企业实际发生的经济业务作为实训内容。

（2）实训中使用的原始凭证、记账凭证、账簿和会计报表均采用现行企业使用的标准和格式。

（3）在实训教师的指导下，学生应以端正、认真的态度，高度的责任心，进入实训角色，严格按照实训操作步骤，保质保量地在规定时间内完成实训任务。

（4）实训完毕，学生应根据实训内容、实训体会撰写实训报告。

2. 实训步骤

实训资料给出了一个小型生产企业 2012 年 12 月份所发生的经济业务。要求学生在实训教师的指导下，按照以下步骤完成该企业的会计核算。

（1）建账。

根据实训资料，分别建立总账、日记账、明细账，并登记期初余额（可根据需要在账页的上侧或右侧粘贴口取纸）。

（2）填制和审核凭证。

① 根据原始凭证的内容正确解读经济业务；按照合理、合法、合规的要求审核原始凭证；将原始凭证逐份裁剪下来，作为编制记账凭证的依据。

② 根据审核无误的原始凭证，填制相应的记账凭证，记账凭证分为收、付、转三类，按照五类编号法（现收、现付、银收、银付、转）分别对记账凭证进行编号。将原始凭证附在记账凭证后面，先用大头针（或曲别针）别在一起，待月终时整理装订成册。

（3）登记账簿。

① 正确审核记账凭证。

② 根据有关的收款凭证、付款凭证，逐笔登记现金日记账和银行存款日记账，并逐笔结出余额。

③ 根据记账凭证及所附的原始凭证，逐笔登记所涉及的各明细分类账，并随时结出余额。

④ 根据记账凭证定期编制科目汇总表（每 10 天汇总一次），根据科目汇总表定期登记总分类账（或根据记账凭证直接登记总分类账）。

（4）结账和对账。

月末进行账账核对、账证核对，达到账账相符、账证相符。若发现错误，需按正确方法予以更正。结出每一总账、日记账、明细账的借方发生额合计、贷方发生额合计及其期末余额。

（5）编制会计报表。

根据总账、明细账及有关的经济业务编制 2012 年 12 月 31 日的资产负债表和 2012 年 12 月的利润表。

（6）整理会计档案。

将记账凭证按照编号顺序（或业务顺序）整理装订成册（科目汇总表按顺序放在首页），并粘贴封面，填写有关内容。

（7）撰写实训报告。

实训资料

1. 公司基本情况

企业名称：中原市威远有限责任公司

地址：中原市阳光路 88 号

联系电话：68994266

法人代表：张浩

企业类型：有限责任公司（一般纳税人）

经营范围：生产销售甲产品、乙产品

纳税人登记号：000425801556826

开户银行：中国工商银行中原市分行阳光路支行

开户银行账号：6632 7785 6358 9720

2. 会计核算的有关规定

中原市威远有限责任公司下设一个基本生产车间，以 A、B 两种原材料为主要原料，生产甲产品、乙产品。生产过程为单步骤生产，原材料在生产过程中陆续投入，产品完工后由基本生产车间交成品仓库验收入库。公司会计核算的有关规定如下。

（1）会计核算采用记账凭证核算程序或科目汇总表核算程序。

（2）记账凭证采用收款凭证、付款凭证、转账凭证三种，凭证编号采用五类编号法，即分别按现收、现付、银收、银付、转五类编号（提示：业务核算开始时设置销号单）。

（3）发出材料成本按加权平均法计算（提示：平时只登记材料发出、结存的数量，不登

记材料发出、结存的单价和成本，月末采用加权平均法计算发出材料成本）。

（4）“生产成本”明细账设四个成本项目，直接材料、直接人工（包括工资和福利费）、制造费用、其他直接支出。月末，将本月投产的甲产品700件和乙产品900件全部完工验收入库。

（5）“库存商品”明细账平时只进行数量核算，发出产品的单位成本采用月末一次加权平均法计算。

（6）固定资产折旧，为简化核算，采用综合折旧率，月折旧率为0.4%。

（7）企业为增值税一般纳税人，增值税税率为17%，所得税税率为25%，城市维护建设税按应纳增值税的7%计算缴纳，教育费附加按应纳增值税的3%计算缴纳，每月应纳税款于次月10日前缴纳。

（8）会计模拟实训不分会计岗位，即每一个参加实训的学生均要独立完成会计模拟实训的全部核算过程。

3．会计核算期初建账资料

中原市威远有限责任公司2012年12月月初建账资料如下。

（1）总分类账户及期初余额（采用三栏式账页）。

总分类账户及期初余额见下表。

总分类账户及期初余额

单位：元

账户名称	期初余额		账户名称	期初余额	
	借方	贷方		借方	贷方
资产类账户			所有者权益类账户		
库存现金	3 800		实收资本		2 503 400
银行存款	528 005		资本公积		47 000
应收票据	14 000		盈余公积		178 000
应收账款	26 100		本年利润		420 740
预付账款			利润分配		38 000
其他应收款	1 000		成本类账户		
在途物资			生产成本		
原材料	68 860		制造费用		
库存商品	249 700		损益类账户		
周转材料	5 800		主营业务收入		
固定资产	3 917 000		主营业务成本		
累计折旧		1 530 000	营业税金及附加		
无形资产	67 000		其他业务收入		
累计摊销		10 000	其他业务成本		
负债类账户			销售费用		
短期借款		50 000	管理费用		
应付账款		25 600	财务费用		

续表

账户名称	期初余额		账户名称	期初余额	
	借方	贷方		借方	贷方
其他应付款		2 600	营业外收入		
应交税费		36 025	营业外支出		
应付职工薪酬		39 800	投资收益		
应付利息		100	所得税费用		

（2）有关明细分类账户期初余额见下表。

部分明细账户期初余额表

单位：元

一级账户	明细账户	期初借方余额			期初贷方余额
		数量	单价	金额	
原材料	A 材料（0101 号）	2 900 千克	15.8	45 820	
	B 材料（0102 号）	2 400 千克	9.6	23 040	
库存商品	甲产品	1 490 件	110	163 900	
	乙产品	1 560 件	55	85 800	
应收账款	绿园商贸大厦	18 400			
	宏远公司	7 700			
应付账款	东北海洋公司				11 200
	顺达公司				12 400
	旭阳公司				2 000
生产成本	甲产品	——			
	乙产品	——			
应交税费	未交增值税				6 800
	应交增值税	——			

注：应收账款、应付账款、应交税费——未交增值税明细账采用三栏式；原材料、库存商品明细账采用数量金额式；生产成本、应交税费——应交增值税明细账采用多栏式。

4．本月发生经济业务提示

（1）12 月 1 日，供应科采购员张洪去上海出差联系业务，预借差旅费 2 000 元，经批准，出纳以现金支付。

（2）12 月 1 日，从中原市新世纪百货公司以现金 800 元购买办公用品一批，当日有关部门领用。

（3）12 月 2 日，从东北海洋有限责任公司购入 A 材料 1 000 千克，单价 15.30 元，货款和增值税款暂未支付。材料尚未运到。

（4）12 月 2 日，开出转账支票支付铁路部门运输 A 材料的运费 800 元。

（5）12 月 3 日，开出转账支票送交市邮政局报刊部，预付 2013 年上半年报刊杂志费 3 000 元。

（6）12 月 3 日，收到银行转来的收款通知，中原市绿园商贸大厦偿还前欠货款 18 400 元。

（7）12 月 5 日，销售给东明市宏远公司甲产品 300 件，单价 140 元；乙产品 200 件，单价 80 元，款项暂未收到（该销售收入能够确认）。

（8）12 月 6 日，公司从东北海洋公司购入的 A 材料运到，验收入库，按其实际采购成本转账。

（9）12 月 6 日，开出汇款委托书委托开户银行汇往青海市顺达公司，以偿还前欠货款 9 000 元。

（10）12 月 7 日，缴纳 11 月份未交增值税 68 00 元，所得税 28 545 元，城市维护建设税 476 元，教育费附加 204 元。

（11）12 月 7 日，采购员张洪出差回来报销差旅费，多余现金退回（张洪出差往返路途两天，每天补助伙食费 40 元；在上海住宿六天，每天补助伙食费 60 元；往返火车票和住宿费实报实销）。要求填写差旅费报销单和收据。

（12）12 月 8 日，以现金支付中原市迅捷维修公司日常修理费 150 元。

（13）12 月 9 日，开出转账支票支付中原市明远广告公司广告费 5 000 元。

（14）12 月 10 日，从青海市顺达公司购入 A 材料 2 100 千克，单价 15.40 元；B 材料 1 600 千克，单价 9.00 元。款项暂欠，材料运到验收入库。

（15）12 月 11 日，开出现金支票 1 000 元提现备用。

（16）12 月 12 日，业务部门报销招待费 400 元，以现金支付。

（17）12 月 14 日，销售给中原市绿园商贸大厦甲产品 350 件，单价 140 元；乙产品 260 件，单价 80 元。款项已收到，收到银行的收款通知。

（18）12 月 16 日，生产车间领用低值易耗品，价值 500 元，采用一次摊销法核算。

（19）12 月 16 日，通过中原市红十字会对贫困灾区捐款 5 000 元，开出转账支票支付款项。

（20）12 月 18 日，签发转账支票归还到期的短期借款 50 000 元。（已计提 11 月 21 日—30 日利息 100 元，12 月 1 日—18 日的利息为 180 元。）

（21）12 月 19 日，从中原市宏宇机械有限公司购入设备一台，价款 90 000 元，进项增值税 15 300 元，款项以转账支票支付。设备直接交付生产车间使用。

（22）12 月 19 日，通过银行发工资 38 000 元。

（23）12 月 20 日，摊销厂部本月应负担的无形资产 1 000 元。

（24）12 月 21 日，收到天安市光明公司签发的银行承兑汇票到期收回款项 8 500 元。

（25）12 月 23 日，从天津宇景科技有限公司购买一项非专利技术，价款 20 000 元，开出转账支票支付款项。

（26）12 月 24 日，销售给中原市绿园商贸大厦甲产品 400 件，单价 140 元；乙产品 300 件，单价 80 元。款项暂未收到（该销售收入能够确认）。

（27）12 月 26 日，以现金支付优嘉文印社办公室材料复印费 60 元。

（28）12 月 27 日，因对外投资，收到被投资方（中原市浩宇有限责任公司）交来的投资收益 20 000 元。

（29）12 月 28 日，计提固定资产折旧 15 668 元。

（30）12 月 31 日，开出转账支票支付中原市供电局电费 3 000 元。

（31）12 月 31 日，分配本月工资费用 38 000 元。其中，生产产品工人工资 22 000 元，

车间管理人员工资 4 000 元，厂部管理人员工资 9 000 元，专设销售机构人员工资 3 000 元。要求填制工资费用分配表（车间生产工人工资按工时比例分配，其中，甲产品生产工时 1 200，乙产品生产工时 800。）

（32）12 月 31 日，计提工会经费（工资总额 2%）和职工教育经费（工资总额 2.5%）。要求填写工会经费及职工教育经费计提表。

（33）12 月 31 号，分配本月材料费用，要求填写领料凭证汇总表。

（34）12 月 31 日，分配并结转本月的制造费用（按照生产工时比例分配，其中，甲产品生产工时 1 200，乙产品生产工时 800）。要求填写制造费用分配表。

（35）12 月 31 日，计算本月完工产品成本并结转。其中，甲、乙产品本月全部完工，甲产品 700 件，乙产品 900 件。要求填制产品成本计算单、产成品入库单。

（36）12 月 31 日，结转已销售产品成本。要求填制销售成本计算表。

（37）12 月 31 日，计算本月应交增值税。要求填制应交增值税计算表。

（38）12 月 31 日，计算本月应交城市维护建设税（7%）、教育费附加（3%）。要求填制应交城市维护建设税计算表、应交教育费附加计算表。

（39）12 月 31 日，收入类账户净发生额结转本年利润账户。

（40）12 月 31 日，支出类账户净发生额结转本年利润账户。

（41）12 月 31 日，计算本月应交所得税并结转。要求填制应纳所得税计算表。

（42）12 月 31 日，结转本年利润。

（43）12 月 31 日，按全年净利润的 10%提取法定盈余公积，按 5%提取公益金。要求填制盈余公积金、公益金计提表。

（44）编制资产负债表。

（45）编制利润表。

以上所有表格见本书附录：会计模拟实训原始凭证实例。

附录 A　会计模拟实训原始凭证实例

（以下凭证可以裁剪、装订）

表 8-1-1

借　款　单

2012 年　12 月　1 日

借款单位：供应科张洪

借款理由：联系业务

借款数额：贰仟元整　　　　¥ 2000.00

单位负责人意见	同意支付 张浩 2012、12、1	部门负责人意见	同意支付 王强 2012、12、1	借款人（签章）	张洪 2012、12、1

第二联　记账联

表 8-2-1

河南省中原市商业发票

客户名称：中原市威远有限责任公司　　2012 年 12 月 1 日　　发票代码：05036709

货号	品名及规格	单位	数量	单价	金额							
					万	万	千	百	十	元	角	分
	计算器	个	8	75.00				6	0	0	0	0
	工作手册	本	60	2.00				1	2	0	0	0
	稿纸	本	80	1.00					8	0	0	0
合计人民币（大写）捌佰元整							¥	8	0	0	0	0

单位盖章　　　　开票人：李春　　　　收款人：王江

第二联：发票联

表 8-2-2

办公用品领用表

2012 年 12 月 1 日

领用车间或部门	领发数量			金额（元）
	计算器（个）	工作手册（本）	稿纸（本）	
生产车间	4	26	30	382
办公室	4	34	50	418
合计	8	60	80	800

审核：张华　　　　制表：李英

表 8-3-1

NO.9728548

2100087180　东北省增值税专用发票

发　票　联

开票日期：2012 年 12 月 2 日

<table>
<tr><td>购货单位</td><td colspan="4">名　　称：中原市威远有限责任公司
纳税人识别号：000425801556826
地址、电话：中原市阳光路 88 号 68994266
开户行及账号：中国工商银行中原市分行阳光路支行 6632 7785 6358 9720</td><td>密码区</td><td colspan="3"></td></tr>
<tr><td colspan="2">货物或应税劳务名称</td><td>规格型号</td><td>单位</td><td>数量</td><td>单价</td><td>金额</td><td>税率</td><td>税额</td></tr>
<tr><td colspan="2">A 材料</td><td></td><td>千克</td><td>1000</td><td>15.30</td><td>15300.00</td><td>17%</td><td>2601.00</td></tr>
<tr><td colspan="2">合计</td><td></td><td></td><td></td><td></td><td>¥15300.00</td><td></td><td>¥2601.00</td></tr>
<tr><td colspan="2">价税合计（大写）</td><td colspan="7">⊗壹万柒仟玖佰零壹元整　　（小写）¥17901.00</td></tr>
<tr><td>销货单位</td><td colspan="4">名　　称：东北海洋有限责任公司
纳税人识别号：0009800666123
地址、电话：海滨市大庆路 28 号
开户行及账号：中国工商银行大庆支行 0560 0078 2415 7663</td><td>备注</td><td colspan="3">东北海洋有限责任公司 发票专用章</td></tr>
</table>

收款人：　　复　核：　　开票人：　　销货单位（公章）：

第二联 发票联 购货方记账凭证

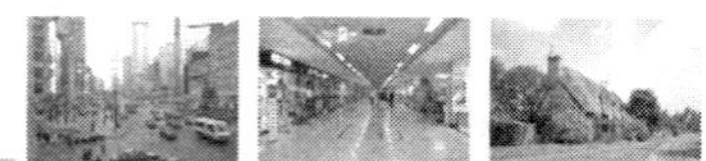

表 8-4-1

中国工商银行转账支票存根
支票号码 0032620
附加信息
出票日期 2012 年 12 月 2 日
收款人：东北铁路局
金 额：¥800.00
用 途：材料运费
单位主管 会计

表 8-4-2

东北铁路局运费杂费收据

付款单位或姓名：中原市威远有限责任公司 2012 年 12 月 2 日

原运输票据			办理种别	
发 站	哈尔滨	到站	中原市	
车种车号			标重	
货物名称	件 数	包 装	重 量	计费重量
A 材料			1000 千克	1000 千克
类 别	费 率	数 量	金 额（元）	附 记
运 费			800.00	
装车费				
合 计			800.00	
合计（大写）人民币捌佰元整				
收款单位	经办人：李军			

东北铁路局
财务专用章

表 8-5-1

中国工商银行转账支票存根

支票号码 0032621

附加信息

出票日期　2012 年 12 月 3 日

收款人：中原市邮政局
金　额：¥3 000.00
用　途：报刊杂志费

单位主管　　会计

表 8-5-2

收　　据

2012 年 12 月 3 日

今收到　中原市威远有限责任公司

人民币（大写）叁仟元整　　¥3000.00

系 收　2013 年 1～6 月份报刊杂志费

第二联　收据

收款单位（盖章）　中原市邮政局 财务专用章　　出纳　韩春　　经手人

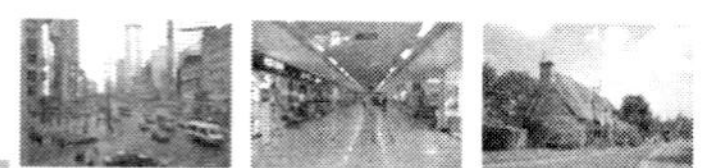

表 8-6-1

中国工商银行 进 账 单（收账通知）

2012 年 12 月 3 日　　豫 No. 00129588

出票人			收款人		
出票人	全　称	中原市绿园商贸大厦	收款人	全　称	中原市威远有限责任公司
出票人	账　号	2341 1002 0008 6756	收款人	账　号	6632 7785 6358 9720
出票人	开户银行	中国工商银行中原市分行高新支行	收款人	开户银行	中国工商银行中原市分行阳光路支行

人民币（大写）壹万捌仟肆佰元整	千	百	十	万	千	百	十	元	角	分
			¥	1	8	4	0	0	0	0

票据种类	转账支票
票据张数	正联一张

复核：　记账：

中国工商银行中原市分行 阳光路支行 2012 年 12 月 3 日 转讫

收款人开户银行签章

表 8-7-1

1100084145　　河南省增值税专用发票　　No. 0083165467

记 账 联　　开票日期：2012 年 12 月 5 日

购货单位	名　称：东明市宏远公司 纳税人识别号：00032908766 地址、电话：东明市金海大道 168 号 68675421 开户行及账号：中国工商银行东明市分行金海大道支行 0023 8004 6465 9783	密码区					
货物或应税劳务名称	规格型号	单位	数量	单价	金额	税率	税额
甲产品		件	300	140.00	42 000.00	17%	7 140.00
乙产品		件	200	80.00	16 000.00	17%	2 720.00
合计					¥58 000.00		¥9860.00
价税合计（大写）	⊗陆万柒仟捌佰陆拾元整				（小写）¥67860.00		
销货单位	名　称：中原市威远有限责任公司 纳税人识别号：000425801556826 地址、电话：中原市阳光路 88 号 68994266 开户行及账号：中国工商银行中原市分行阳光路支行 6632 7785 6358 9720	备注					

第四联 记账联 销货方记账凭证

收款人：　　复　核：　　开票人：××　　销货单位（公章）：

表 8-8-1

收料单

发票号码：东北海洋公司　　　　　　　　　　　　　　　　　　　　编号

发票号码：7830056　　　　年　　月　　日　　　　　　　　　　单位：元

材料名称	规格型号	计量单位	数量		实际成本				计划成本		材料成本差异	
			应收	实收	单价	买价	运杂费	合计	单价	合计	超支	节约
A 材料		千克	1 000	1 000	15.3	15 300	800	16 100				
合计						15 300	800	16 100				

仓库主管：周亮　　　　记账：海洋　　　　收料：刘佳　　　　业务采购：张胜

表 8-9-1

中国工商银行电汇凭证（回单）

委托日期　　　　2012 年 12 月 6 日　　　　第 98 号

<table>
<tr><td rowspan="3">汇款人</td><td>全 称</td><td colspan="6">中原市威远有限责任公司</td><td rowspan="3">收款人</td><td>全 称</td><td colspan="6">青海市顺达公司</td></tr>
<tr><td>账 号
或住址</td><td colspan="6">中国工商银行中原市阳光路支行
6632 7785 6358 9720</td><td>账 号
或住址</td><td colspan="6">中国工商银行青海市分行西江路支行
3568 0023 6113 9878</td></tr>
<tr><td>汇 出
地 点</td><td>河南</td><td>省</td><td>中原</td><td>市县</td><td>汇 出
名 称</td><td>中国工商银行中原市阳光路支行</td><td>汇 入
地 点</td><td>青海</td><td>省</td><td>青海</td><td>市县</td><td>汇入行
名 称</td><td>中国工商银行青海市分行西江路支行</td></tr>
</table>

金额	千	百	十	万	千	百	十	元	角	分
人民币（大写）玖仟元整				¥	9	0	0	0	0	0

汇款用途：购材料款

复核　　　　记账

中国工商银行中原市分行
阳光路支行
2012 年 12 月 6 日
转讫

汇出行盖章
2012 年 12 月 6 日

此联是汇出银行给汇款单位的回单

表 8-10-1

中华人民共和国
增值税税收缴款书

隶属单位：其他单位

经济性质：有限责任　　　　填发日期：2012 年 12 月 7 日　　　N08935351 国

征收机关：中原市国税局

缴款单位	代码	20050812	预算科目	款项	××××
	全称	中原市威远有限责任公司		级次	××××
	开户银行	中国工商银行中原市分行阳光路支行			
	账号	6632 7785 6358 9720	收款国库		中原市金库
税款所属时期 2012 年 11 月 01—30 日			税款限日期 2012 年 12 月 10 日		

品目名称	课税数量	计税金额或主营业务收入	税率或单位税额	已缴或扣除额	实缴税额 千	百	十	万	千	百	十	元	角	分
增值税			17%						6	8	0	0	0	0
合计（小写）								¥	6	8	0	0	0	0
合计金额	人民币（大写）⊕仟⊕佰⊕拾⊕万陆仟捌佰零拾零元零角零分													

缴款单位（人）（盖章） 经办人（盖章）	税务机关（盖章） 填票人（章）	上列款项已经收妥并划转收款人单位账户国库（银行）盖章 2012 年 12 月 7 日	备注	

（无银行收讫章无效）　　　　逾期不缴按税法规定加收滞纳金

第一联：（收据）国库收款盖章后退缴款单位作完税凭证

（印章：中原市威远有限责任公司 财务章；中原市国税局 业务专用章；中国工商银行中原市分行阳光路支行 业务专用章）

表 8-10-2

中华人民共和国
税收（企业所得税专用）缴款书

隶属单位：其他单位

经济性质：有限责任　　填发日期：2012 年　12 月 7　日　　NO8935351 地

征收机关：中原市地税局阳光税务所

缴款单位	代码	20050812	预算科目	款项	××××
	全称	中原市威远有限责任公司		级次	××××
	开户银行	中国工商银行中原市分行阳光路支行			
	账号	6632 7785 6358 9720	收款国库		中原市金库

税款所属时期 2012 年 11 月 01—30 日	税款限交日期 2012 年 12 月 10 日

项目	计税所得额	税率	所得税额	已预缴税额	实缴税额 千	百	十	万	千	百	十	元	角	分
企业所得税	114180	25%	28545					2	8	5	4	5	0	0
合计（小写）							¥	2	8	5	4	5	0	0
合计金额	人民币（大写）⊕仟⊕佰⊕拾贰万捌仟伍佰肆拾伍元零角零分													

缴款单位（人）（盖章）经办人（盖章）	税务机关（盖章）填票人（章）	上列款项已经收妥并划转收款单位账户国库（银行）盖章 2012 年 12 月 7 日	备注
中原市威远有限责任公司 财务章	中原市地方税务局 业务专用章	中国工商银行中原市分行阳光路支行 业务专用章	

第一联：（收据）国库收款盖章后退缴款单位作完税凭证

（无银行收讫章无效）　　逾期不缴按税法规定加收滞纳金

表 8-10-3

中华人民共和国
税收（城市维护建设税专用）缴款书

隶属单位：其他单位

经济性质：有限责任　　　填发日期：2012 年 12 月 7 日　　　N08935351 地

征收机关：中原市地税局阳光税务所

<table>
<tr><td rowspan="5">缴款单位（人）</td><td>代　码</td><td colspan="2">20050812</td><td rowspan="4" colspan="2">预算科目</td><td colspan="3">款　项</td><td colspan="5">××××</td></tr>
<tr><td>全　称</td><td colspan="2">中原市威远有限责任公司</td><td colspan="3" rowspan="2">级　次</td><td colspan="5" rowspan="2">××××</td></tr>
<tr><td>开户银行</td><td colspan="2">中国工商银行中原市分行阳光路支行</td></tr>
<tr><td>账　号</td><td colspan="2">6632 7785 6358 9720</td><td colspan="3">收款国库</td><td colspan="5">中原市金库</td></tr>
<tr><td colspan="13"></td></tr>
<tr><td colspan="3">税款所属时期 2012 年 11 月 01—30 日</td><td colspan="11">税款限交日期 2012 年 12 月 10 日</td></tr>
<tr><td colspan="3">计　征　金　额</td><td rowspan="2">征税率</td><td colspan="10">实　缴　税　额</td></tr>
<tr><td colspan="2">项目名称</td><td>计　征　金　额</td><td>千</td><td>百</td><td>十</td><td>万</td><td>千</td><td>百</td><td>十</td><td>元</td><td>角</td><td>分</td></tr>
<tr><td colspan="2">增值税</td><td>6800.00</td><td>7%</td><td></td><td></td><td></td><td></td><td></td><td>4</td><td>7</td><td>6</td><td>0</td><td>0</td></tr>
<tr><td colspan="2">消费税</td><td></td><td></td><td></td><td></td><td></td><td></td><td></td><td></td><td></td><td></td><td></td><td></td></tr>
<tr><td colspan="2">营业税</td><td></td><td></td><td></td><td></td><td></td><td></td><td></td><td></td><td></td><td></td><td></td><td></td></tr>
<tr><td colspan="2">合计（小写）</td><td></td><td></td><td></td><td></td><td></td><td></td><td>¥</td><td>4</td><td>7</td><td>6</td><td>0</td><td>0</td></tr>
<tr><td colspan="2">合计金额</td><td colspan="12">人民币（大写）⊕仟⊕佰⊕拾⊕万⊕仟肆佰柒拾陆元零角零分</td></tr>
<tr><td colspan="2">缴款单位（人）（盖章）
经办人（盖章）</td><td>税务机关（盖章）
填票人（章）</td><td colspan="7">上列款项已经收妥并划转收款人单位
账户国库（银行）
盖章 2012 年 12 月 7 日</td><td colspan="2">备注</td><td colspan="2"></td></tr>
</table>

第一联：（收据）国库收款盖章后退缴款单位作完税凭证

（无银行收讫章无效）　　　　逾期不缴按税法规定加收滞纳金

表 8-10-4

中华人民共和国
教育费附加缴款书

隶属单位：其他单位

经济性质：有限责任　　　　填发日期：　2012 年 12 月 7 日　　　　NO8935351 地

征收机关：中原市地税局阳光税务所

缴款单位（人）		预算科目		
代码	20050812	款项		××××
全称	中原市威远有限责任公司			
开户银行	中国工商银行中原市分行阳光路支行	级次		××××
账号	6632 7785 6358 9720	收款国库		中原市金库

税款所属时期 2012 年 11 月 01—30 日	税款限交日期 2012 年 12 月 10 日

计征金额		征税率	实缴税额									
项目名称	计征金额		千	百	十	万	千	百	十	元	角	分
增值税	6800.00	3%						2	0	4	0	0
消费税												
营业税												
合计（小写）							¥	2	0	4	0	0
合计金额	人民币（大写）⊕仟⊕佰⊕拾⊕万⊕仟贰佰零拾肆元零角零分											

缴款单位（人）（盖章） 经办人（盖章）	税务机关（盖章） 填票人（章）	上列款项已经收妥并划转收款人单位账户国库（银行） 盖章 2012 年 12 月 日	备注	

第一联：（收据）国库收款盖章后退缴款单位作完税凭证

（无银行收讫章无效）　　　　逾期不缴按税法规定加收滞纳金

表 8-11-1

差旅费报销单

姓名：　　职务：　　　　年　　月　　日　　　　单位：元

起讫时间地点						在途补助		住勤补助		车船费		住宿费		会议费		其他	
月	日	起点	月	日	终点	天数	金额	天数	金额	张数	金额	张数	金额	张数	金额	张数	金额
小计																	
合计人民币（大写）												¥					
出差事由										预借		核销		应退（补）			

公司领导　　会计主管　　审核　　报销人

表 8-11-2

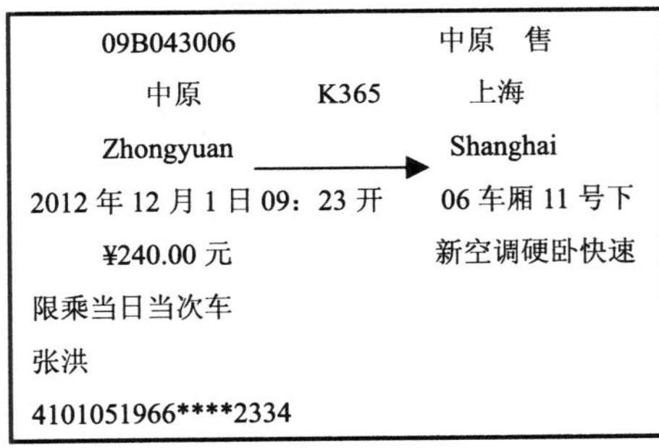

09B043006　　中原　售

中原　　K365　　上海

Zhongyuan ——→ Shanghai

2012 年 12 月 1 日 09：23 开　　06 车厢 11 号下

¥240.00 元　　新空调硬卧快速

限乘当日当次车

张洪

4101051966****2334

表 8-11-3

09B043007　　上海　售

上海　　K364　　中原

Shanghai ——→ Zhongyuan

2012 年 12 月 7 日 10：45 开　　05 车厢 09 号下

¥240.00 元　　新空调硬卧快速

限乘当日当次车

张洪

4101051966****2334

表 8-11-4

上海市宾馆专用发票

客户名称：中原市威远有限责任公司　　2012 年 12 月 7 日　　发票代码：378064

起止时间		2012 年 12 月 1 日——2012 年 12 月 6 日										
项目	房间号	单价	天数		金额							
					万	万	千	百	十	元	角	分
住宿费	2038	130	6					7	8	0	0	0
合计人民币（大写）柒佰捌拾元整							¥	7	8	0	0	0

单位盖章：（财务专用章）　　开票人：刘江　　收款人：王海

第二联：发票联

表 8-11-5

收　　据

年　　月　　日

今收到＿＿＿＿＿＿＿＿＿＿＿＿＿＿＿＿

人民币（大写）＿＿＿＿＿＿＿＿¥＿＿＿＿＿＿＿＿

系　　收＿＿＿＿＿＿＿＿＿＿＿＿＿＿＿＿

收款单位（盖章）　　出纳　　经手人

第二联　收据

表 8-12-1

中原市服务业专用发票

发 票 联 豫地税 乙 3 NO. 0032147

单位（姓名）：中原市威远有限责任公司 2012年12月8日

服务项目	单位	数量	单价	金额								
				百	十	万	千	百	十	元	角	分
修理费								1	5	0	0	0
小写金额合计							¥	1	5	0	0	0
大写金额	人民币 ⊕拾⊕万⊕仟壹佰伍拾零元零角零分											

收款单位（盖章） 开票人：杨平 收款人：周迴

第二联：发票联

（印章：全国统一发票监制章 豫 中原市 国家税务局监制）

（印章：中原市迅捷维修公司 财务专用章）

表 8-13-1

中国工商银行转账支票存根

支票号码 0032622

附加信息

出票日期 2012年12月9日

收款人：中原市明远广告公司
金 额：¥5 000.00
用 途：广告费

单位主管 会计

表 8-14-1

3100067520　　青海市增值税专用发票
发　票　联

NO.6745832

开票日期：2012 年 12 月 10 日

购货单位	名　　称：中原市威远有限责任公司 纳税人识别号：000425801556826 地址、电话：中原市阳光路 88 号 68994266 开户行及账号：中国工商银行中原市分行阳光路支行 6632 7785 6358 9720		密码区				
货物或应税劳务名称	规格型号	单位	数量	单价	金额	税率	税额
A 材料		千克	2 100	15.40	32 340.00	17%	5 497.80
B 材料		千克	1 600	9.00	14 400.00	17%	2 448.00
合计					¥46740.00		¥7 945.80
价税合计（大写）	⊗伍万肆仟陆佰捌拾伍元捌角整				（小写）¥54685.80		
销货单位	名　　称：青海市顺达公司 纳税人识别号：0003567103318 地址、　电话：青海市西江路 66 号 开户行及账号：中国工商银行青海市分行西江路支行　3568 0023 6113 9878		备注				

第二联　发票联　购货方记账凭证

收款人：　　　复　核：　　　开票人：　　　销货单位（公章）：

表 8-14-2

收料单

发票号码：青海市顺达公司　　　　编号

发票号码：9736512　　　2012 年 12 月 10 日　　　单位：元

材料名称	规格型号	计量单位	数量		实际成本				计划成本		材料成本差异	
			应收	实收	单价	买价	运杂费	合计	单价	合计	超支	节约
A 材料		千克	2 100	2 100	15.40	32 340		32 340				
B 材料		千克	1 600	1 600	9.00	14 400		14 400				
合计						46 740		46 740				

仓库主管：周亮　　　记账：海洋　　　收料：刘佳　　　业务采购：张胜

表 8-15-1

中国工商银行现金支票存根

支票号码 0043651

附加信息________________

____

出票日期 2012 年 12 月 11 日

收款人：中原市威远有限责任公司
金　额：¥1 000.00
用　途：提现备用

单位主管　　会计

表 8-16-1

中原市服务业专用发票

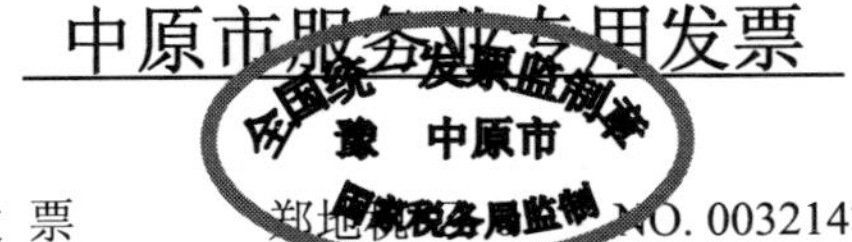

发 票　　　郑地税　　　NO. 0032147

单位（姓名）：中原市威远有限责任公司　　2012 年 12 月 12 日

服务项目	单位	数量	单价	金额								
				百	十	万	千	百	十	元	角	分
招待费								4	0	0	0	0
小写金额合计							¥	4	0	0	0	0
大写金额	人民币⊕拾⊕万⊕仟肆佰零拾零元零角零分											

第二联：发票联

收款单位（盖章）　中原市天泉宾馆 财务专用章　　开票人：江宜静　　　收款人：李昂

表 8-17-1

No. 0083165468

河南省增值税专用发票

全国统一发票监制章 国家税务总局监制

记 账 联

开票日期：2012 年 12 月 14 日

<table>
<tr><td rowspan="2">购货单位</td><td colspan="4">名　　称：中原市绿园商贸大厦
纳税人识别号：00047900322
地址、电话：中原市高新路 63 号 69567877
开户行及账号：中国工商银行中原市分行高新支行
2341 1002 0008 6756</td><td>密码区</td><td colspan="3"></td></tr>
<tr></tr>
<tr><td colspan="2">货物或应税劳务名称</td><td>规格型号</td><td>单位</td><td>数量</td><td>单价</td><td>金额</td><td>税率</td><td>税额</td></tr>
<tr><td colspan="2">甲产品</td><td></td><td>件</td><td>350</td><td>140.00</td><td>49 000.00</td><td>17%</td><td>8 330.00</td></tr>
<tr><td colspan="2">乙产品</td><td></td><td>件</td><td>260</td><td>80.00</td><td>20 800.00</td><td>17%</td><td>3 536.00</td></tr>
<tr><td colspan="2">合计</td><td></td><td></td><td></td><td></td><td>¥69 800.00</td><td></td><td>¥11866.00</td></tr>
<tr><td colspan="2">价税合计（大写）</td><td colspan="7">⊗捌万壹仟陆佰陆拾陆元整　　（小写）¥81666.00</td></tr>
<tr><td>销货单位</td><td colspan="4">名　　称：中原市威远有限责任公司
纳税人识别号：000425801556826
地址、电话：中原市阳光路 88 号 68994266
开户行及账号：中国工商银行中原市分行阳光路支行
6632 7785 6358 9720</td><td>备注</td><td colspan="3"></td></tr>
</table>

第四联 记账联 销货方记账凭证

收款人：　　复　核：　　开票人：××　　销货单位（公章）：

表 8-17-2

中国工商银行收款通知

2012 年 12 月 14 日

<table>
<tr><td rowspan="3">付款人</td><td>全称</td><td>中原市绿园商贸大厦</td><td rowspan="3">收款人</td><td>全称</td><td colspan="8">中原市威远有限责任公司</td></tr>
<tr><td>账号</td><td>2341 1002 0008 6756</td><td>账号</td><td colspan="8">6632 7785 6358 9720</td></tr>
<tr><td>开户银行</td><td>中国工商银行中原市分行高新支行</td><td>开户银行</td><td colspan="8">中国工商银行中原市分行阳光路支行</td></tr>
<tr><td rowspan="2">金额</td><td colspan="3" rowspan="2">人民币（大写）捌万壹仟陆佰陆拾陆元整</td><td></td><td>十</td><td>万</td><td>千</td><td>百</td><td>十</td><td>元</td><td>角</td><td>分</td></tr>
<tr><td></td><td>¥</td><td>8</td><td>1</td><td>6</td><td>6</td><td>6</td><td>0</td><td>0</td></tr>
<tr><td colspan="2">上列款项已代转账，如有错误，持此联来面洽谈。

2012 年 12 月 14 日</td><td colspan="2">上列款项已照收无误
证件名称
证件号码
收款单位盖章
2012 年 12 月 14 日
（中原市威远有限责任公司 财务章）</td><td colspan="9">（中国工商银行中原市分行 阳光路支行 2012 年 12 月 14 日 转讫）
收款人开户银行签章</td></tr>
</table>

此联是收款人开户银行交给收款人的收款通知

表 8-18-1

低值易耗品领用表

2012 年 12 月 16 日

领用车间或部门	领发数量			金额（元）
	工具（套）	清洁用具（套）		
生产车间	10	15		500
合计	10	15		500

发料人：周海　　　　领料人：张英

表 8-19-1

中国工商银行转账支票存根

支票号码 0032623

附加信息

出票日期　2012 年 12 月 16 日

收款人：中原市红十字会
金　额：¥5 000.00
用　途：灾区捐款

单位主管　　会计

表 8-20-1

中国工商银行转账支票存根
支票号码 0032624
附加信息
出票日期 2012 年 12 月 18 日
收款人：中国工商银行中原市分行阳光路支行
金 额：¥50 000.00
用 途：归还短期借款
单位主管 会计

表 8-21-1

河南省增值税专用发票

1100097223　　　　发票联　　　　NO.5674328

开票日期：2012 年 12 月 19 日

购货单位	名 称：中原市威远有限责任公司 纳税人识别号：000425801556826 地址、电话：中原市阳光路 88 号 68994266 开户行及账号：中国工商银行中原市分行阳光路支行 6632 7785 6358 9720	密码区					
货物或应税劳务名称	规格型号	单位	数量	单价	金额	税率	税额
机器设备		台	1	90 000.00	90 000.00	17%	15 300.00
合计					¥90000.00		¥15 300.00
价税合计（大写）	⊗壹拾万伍仟叁佰元整			（小写）¥105 300.00			
销货单位	名 称：中原市宏宇机械有限公司 纳税人识别号：0003645121168 地址、电话：中原市梧桐路 56 号 开户行及账号：中国建设银行中原市分行梧桐路支行 0000 3596 4210 7342	备注					

收款人：　　复 核：　　开票人：　　销货单位（公章）

第二联 发票联 购货方记账凭证

表 8-21-2

中国工商银行转账支票存根

支票号码 0032625

附加信息

出票日期　2012 年 12 月 19 日

收款人：中原市宏宇机械有限公司
金　额：¥105 300.00
用　途：购入设备

单位主管　　会计

表 8-22-1

中国工商银行进账单（收账通知）

2012 年 12 月 19 日

出票人	全　称	中原市威远有限责任公司	收款人	全　称	批量代发（扣）专户						
	账　号	6632 7785 6358 9720		账　号	10005740008						
	开户银行	中国工商银行中原市分行阳光路支行		开户银行	中国工商银行中原市分行阳光路支行						
金额	人民币（大写）叁万捌仟元整			十	万	千	百	十	元	角	分
				¥	3	8	0	0	0	0	0
票据种类	转账支票			中国工商银行中原市分行阳光路支行 2012 年 12 月 19 日 转讫 收款人开户银行签章							
票据张数	正联一张										
复核　　记账											

此联是持票人开户银行给收款人的收款通知

表 8-23-1

无形资产费用分配表

2012 年 12 月 20 日

项目	无形资产		
车间、部门	实际支付	分摊期	本期摊销
生产车间			0
厂部			1 000
合计			1 000

表 8-24-1

中国工商银行进账单（收账通知）

2012 年 12 月 21 日

<table>
<tr><td rowspan="3">出票人</td><td>全　称</td><td>天安市光明公司</td><td rowspan="3">收款人</td><td>全　称</td><td colspan="8">中原威远有限责任公司</td></tr>
<tr><td>账　号</td><td>0000　6310　3652　3851</td><td>账　号</td><td colspan="8">6632 7785 6358 9720</td></tr>
<tr><td>开户银行</td><td>中国工商银行天安市分行
未来路分行</td><td>开户银行</td><td colspan="8">中国工商银行中原市分行
阳光路支行</td></tr>
<tr><td rowspan="2">金额</td><td colspan="3" rowspan="2">人民币（大写）捌仟伍佰元整</td><td>十</td><td>万</td><td>千</td><td>百</td><td>十</td><td>元</td><td>角</td><td>分</td></tr>
<tr><td></td><td>¥</td><td>8</td><td>5</td><td>0</td><td>0</td><td>0</td><td>0</td></tr>
<tr><td colspan="2">票据种类</td><td colspan="2">银行承兑汇票</td><td colspan="9" rowspan="3">中国工商银行中原市分行
阳光路支行
2012 年 12 月 21 日
转讫
收款人开户银行签章</td></tr>
<tr><td colspan="2">票据张数</td><td colspan="2">1 张</td></tr>
<tr><td colspan="4">复核　　　记账</td></tr>
</table>

此联是持票人开户银行给收款人的收款通知

表 8-25-1

中国工商银行转账支票存根

支票号码 0032627

附加信息

出票日期 2012 年 12 月 23 日

收款人：天津宇景科技有限公司
金 额：¥20 000.00
用 途：购买非专利技术

单位主管 会计

表 8-26-1

1100097224

河南省增值税专用发票

记 账 联

No. 0083165469

开票日期：2012 年 12 月 24 日

购货单位	名 称：中原市绿园商贸大厦 纳税人识别号：00047900322 地址、电话：中原市高新路 63 号 69567877 开户行及账号：中国工商银行中原市高新支行 2341 1002 0008 6756			密码区			
货物或应税劳务名称	规格型号	单位	数量	单价	金额	税率	税额
甲产品		件	400	140.00	56 000.00	17%	9 520.00
乙产品		件	300	80.00	24 000.00	17%	4 080.00
合计					¥80 000.00		¥13 600.00
价税合计（大写）	⊗玖万叁仟陆佰元整			（小写）¥93 600.00			
销货单位	名 称：中原市威远有限责任公司 纳税人识别号：000425801556826 地址、电话：中原市阳光路 88 号 68994266 开户行及账号：中国工商银行中原市分行阳光路支行 6632 7785 6358 9720			备注			

第四联 记账联 销货方记账凭证

收款人： 复 核： 开票人：×× 销货单位（公章）：

表 8-27-1

中原市服务业专用发票

发　票　联

单位（姓名）：中原市威远有限责任公司　2012 年 12 月 26 日　　郑地税 乙 3　　NO. 0032147

服务项目	单位	数量	单价	金额								
				百	十	万	千	百	十	元	角	分
材料复印费									6	0	0	0
小写金额合计								¥	6	0	0	0
大写金额	人民币⊕佰⊕拾⊕万⊕仟⊕佰陆拾零元零角零分											

收款单位（盖章）　　开票人：钱浩洋　　收款人：苏丽

第二联　发票联

表 8-28-1

中国工商银行收款通知

2012 年 12 月 27 日

付款人	全称	中原市浩宇有限责任公司	收款人	全称	中原市威远有限责任公司
	账号	6678 3498 9009 7854		账号	6632 7785 6358 9720
	开户银行	中国工商银行中原市分行高原分行		开户银行	中国工商银行中原市分行阳光路支行

金额	人民币（大写）贰万元整	十	万	千	百	十	元	角	分
		¥	2	0	0	0	0	0	0

上列款项已代转账，如有错误，持此联来面洽谈。 2012 年 12 月 27 日	上列款项已照收无误 证件名称 证件号码 收款单位盖章 2012 年 12 月 27 日	中国工商银行中原市分行 阳光路支行 2012 年 12 月 27 日 转讫 收款人开户银行签章

此联是收款人开户银行交给收款人的收款通知

表 8-29-1

固定资产折旧计算表

2012 年　12 月　28 日

部　　门	应计提折旧的固定资产原价	月折旧率	本月折旧额
生产车间	2 175 000	0.4%	8 700
厂部	1 742 000	0.4%	6 968
合　计	3 917 000		15 668

财务主管：　赵平　　　　审核：　周磊　　　　制单：刘丽

表 8-30-1

中国工商银行转账支票存根

支票号码 0032628

附加信息

出票日期　2012 年 12 月 31 日

收款人：中原市供电局
金　额：¥3 000.00
用　途：支付电费

单位主管　　　会计

表 8-30-2

收　　　据

2012 年 12 月 31 日

今收到　中原市威远有限责任公司

人民币（大写）　叁仟元整　　　　　¥3000.00

系　　收　　2012 年 12 月份电费

收款单位（盖章）　中原市供电局 财务专用章　　出纳：　刘静　　　　　经手人：周扬

表 8-30-3

电费使用分配表

2012 年 12 月 31 日

部　　门	电表读数（度）	单价	金额
生产车间——甲产品	2 480	0.5	1 240
——乙产品	1 720	0.5	860
生产车间一般耗用	800	0.5	400
行政管理部门	1 000	0.5	500
合　　计	6 000		3 000

财务主管：　　　　　　审核：　　　　　　制单：张宁

表 8-31-1

工资费用分配表

2012 年 12 月 31 日

分配部门		生产工时	分配率	分配金额	应计金额
基本生产车间	甲产品				
	乙产品				
	小 计				
车间管理人员					
行政管理人员					
专设销售机构					
合　计					

财务主管：　　　　　　审核：　　　　　　制单：

表 8-32-1

工会经费及职工教育经费计提表

年　　月　　日　　　　单位：元

项　　目	计提基数	提取比例（%）	应提数额
工会经费			
职工教育费			
合　　计			

财务主管：　　　　审核：　　　　制单：

表 8-33-1

领 料 单

领用单位：生产车间

用　　途：生产甲产品　　　　2012 年 12 月 01 日　　　　编号：021

材料名称	规格型号	单位	数量		备注
			请领	实发	
A 材料		千克	1 600	1 600	
B 材料		千克	900	900	

仓库主管：　　　　记账：　　　　发料：黄桂英　　　　领料：王洪

表 8-33-2

领 料 单

领用单位：生产车间

用　　途：生产乙产品　　　　2012 年 12 月 01 日　　　　编号：022

材料名称	规格型号	单位	数量		备注
			请领	实发	
A 材料		千克	1 000	1 000	
B 材料		千克	650	650	

仓库主管：　　　　记账：　　　　发料：黄桂英　　　　领料：李婷

表 8-33-3

领 料 单

领用单位：生产车间

用　　途：生产甲产品　　　　2012 年 12 月 12 日　　　　编号：023

材料名称	规格型号	单位	数量		备注
			请领	实发	
A 材料		千克	800	800	
B 材料		千克	500	500	

仓库主管：　　　　记账：　　　　发料：黄桂英　　　　领料：王洪

表 8-33-4

领 料 单

领用单位：生产车间

用　　途：生产乙产品　　　　2012 年 12 月 12 日　　　　编号：024

材料名称	规格型号	单位	数量		备注
			请领	实发	
A 材料		千克	600	600	
B 材料		千克	450	450	

仓库主管：　　　　记账：　　　　发料：黄桂英　　　　领料：李婷

表 8-33-5

领 料 单

领用单位：生产车间

用　　途：一般耗用　　　　2012 年 12 月 22 日　　　　编号：025

材料名称	规格型号	单位	数量		备注
			请领	实发	
B 材料		千克	50	50	

仓库主管：　　　　记账：　　　　发料：黄桂英　　　　领料：丁辉

表 8-33-6

领料凭证汇总表

2012 年 12 月 31 日

项目	A 材料			B 材料			合计
	数量	单价	金额	数量	单价	金额	
生产产品耗用							
其中：甲产品							
乙产品							
生产车间一般耗用							
行政管理部门耗用							
合计							

表 8-34-1

制造费用分配表

年　　月　　日　　　　单位：元

产品名称	生产工时	分配率	分配额
甲产品			
乙产品			
合　计			

财务主管：　　　　审核：　　　　制单：

表 8-35-1

产品生产成本计算单

产品名称：甲产品　　　　年　　月　　日　　　　本月完工产量：　　件

成　本　项　目	总 成 本（元）	单 位 成 本（元）
直接材料		
直接人工		
制造费用		
直接其他支出		
合　计		

财务主管：　　　　审核：　　　　制单：

表 8-35-2

产品生产成本计算单

产品名称：乙产品　　　　年　　月　　日　　　　本月完工产量：　　件

成　本　项　目	总 成 本（元）	单 位 成 本（元）
直接材料		
直接人工		
制造费用		
直接其他支出		
合　计		

财务主管：　　　　审核：　　　　制单：

表 8-35-3

产成品入库单

年　　月　　日

产品名称	数量	单价	金额
甲产品			
乙产品			
合计			

保管：　　　　验收：　　　　送验人：

表 8-36-1

产品销售成本计算表

年　　月　　日　　　　单位：元

产品名称	销售数量	单位成本	总成本
甲产品			
乙产品			
合计			

财务主管：　　　　审核：　　　　制单：

表 8-37-1

应交增值税计算表（简化表）

年　　月　　日　　　　单位：元

<table>
<tr><td colspan="4">项　　目</td><td>销售额</td><td>税 额</td><td>备 注</td></tr>
<tr><td rowspan="7">销

项</td><td rowspan="6">应税
货物</td><td>货物名称</td><td>适用税率</td><td></td><td></td><td></td></tr>
<tr><td></td><td></td><td></td><td></td><td></td></tr>
<tr><td></td><td></td><td></td><td></td><td></td></tr>
<tr><td></td><td></td><td></td><td></td><td></td></tr>
<tr><td></td><td></td><td></td><td></td><td></td></tr>
<tr><td>小　计</td><td></td><td></td><td></td><td></td></tr>
<tr><td colspan="2">应税劳务</td><td></td><td></td><td></td><td></td></tr>
<tr><td>进项</td><td colspan="3">本期进项税额发生额</td><td colspan="3"></td></tr>
<tr><td colspan="4">上期期末未交数（多交或未抵扣数用负号）</td><td colspan="3"></td></tr>
<tr><td colspan="4">应纳税额</td><td colspan="3"></td></tr>
</table>

表 8-38-1

城市建设维护税计算表

年　　月　　日　　　　单位：元

计税依据	税　率	税　额
增值税额	7%	
营业税额	7%	
消费税额	7%	
合　计		

财务主管：　　　　复核：　　　　制表：

表 8-38-2

应交教育费附加计算表

年　　月　　日　　　　单位：元

计税依据	征收率	税　额
增值税额	3%	
营业税额	3%	
消费税额	3%	
合　计		

财务主管：　　　　复核：　　　　制表：

表 8-39-1

中原市威远有限责任公司内部转账单

年 月 日

项 目	科 目	金 额
应借科目	主营业务收入	
	其他业务收入	
	投资收益	
	营业外收入	
应贷科目	本年利润	

财务主管： 审核： 制单：

表 8-40-1

中原市威远有限责任公司内部转账单

年 月 日

项 目	科 目	金 额
应借科目	本年利润	
应贷科目	主营业务成本	
	营业税金及附加	
	其他业务成本	
	销售费用	
	管理费用	
	财务费用	
	营业外支出	

财务主管： 审核： 制单：

表 8-41-1

应纳所得税额计算表

年 月 日 单位：元

本月利润总额	所得税率	本月应纳所得税

财务主管： 复核： 制表：

表 8-41-2

中原市威远有限责任公司内部转账单

年　　月　　日

项　目	科　目	金　额
应借科目	本年利润	
应贷科目	所得税费用	

财务主管：　　　　审核：　　　　制单：

表 8-42-1

中原市威远有限责任公司内部转账单

年　　月　　日

项　目	科　目	金　额
应借科目	本年利润	
应贷科目	利润分配——未分配利润	

财务主管：　　　　审核：　　　　制单：

表 8-43-1

盈余公积金、公益金计提表

年　　月　　日　　　　单位：元

项目	税后利润	计提比例	计提金额
盈余公积金			
公益金			
合计			

表 8-44-1

资 产 负 债 表

会企 01 表

编制单位： 年 月 日 单位：元

资 产	期末余额	年初余额	负债和股东权益	期末余额	年初余额
流动资产：			流动负债：		
货币资金			短期借款		
交易性金融资产			交品性金融负债		
应收票据			应付票据		
应收账款			应付账款		
预付款项			预收款项		
应收利息			应付职工薪酬		
应收股利			应交税费		
其他应收款			应付利息		
存货			应付股利		
一年内到期的非流动资产			其他应付款		
其他流动资产			一年内到期的非流动负债		
流动资产合计			其他流动负债		
非流动资产：			流动负债合计		
可供出售金融资产			非流动负债：		
持有至到期投资			长期借款		
长期应收款			应付债券		
长期股权投资			长期应付款		
投资性房地产			专项应付款		
固定资产			预计负债		
在建工程			递延所得税负债		
工程物资			其他非流动负债		
固定资产清理			非流动负债合计		
生产性生物资产			负债合计		
油气资产			股东权益：		
无形资产			实收资本（或股本）		
开发支出			资本公积		
商誉			减：库存股		
长期待摊费用			盈余公积		
递延所得税资产			未分配利润		
其他非流动资产			股东权益合计		
非流动资产合计					
资产总计			负债和股东权益总计		

企业负责人： 会计主管： 制表人：

表8-45-1

利润表

会企02表

编制单位：　　　　　年　　月　　　　　单位：元

项　　目	行次	本月数	本年累计数
一、营业收入			（略）
减：营业成本			
营业税金及附加			
销售费用			
管理费用			
财务费用			
资产减值损失			
加：投资收益（损失以“-”号填列）			
二、营业利润（亏损以“-”号填列）			
加：营业外收入			
减：营业外支出			
三、利润总额（亏损总额以“-”号填列）			
减：所得税费用			
四、净利润（净亏损以“-”号填列）			
五、每股收益			

企业负责人：　　　　　会计主管：　　　　　制表人：

反侵权盗版声明

举报电话：（010）88254396；（010）88258888

传　　真：（010）88254397

E-mail：　dbqq@phei.com.cn

通信地址：北京市海淀区万寿路 173 信箱

电子工业出版社总编办公室

邮　　编：100036